教師の聞き方 ひとつで

高学年クラスは こう変わる！

丸岡慎弥

SHINYA MARUOKA

JN011330

学陽書房

はじめに

　6年生女子と話をしていたときのことです。

　「A先生よりB先生のクラスになりたかったな〜。小学校最後の年なのに……」

　自分の担任の先生について、不満を漏らすことへの指導はいったん脇に置き、私はその子に「どうしてそう思うの？」と率直な思いを聞くことにしました。「A先生はみんなの年に近いし、おもしろいじゃん」と、A先生のフォローをしつつ、その子の思いをさらに引き出してみました。

　「だって、話を聞いてくれないんだもん」

　この言葉を聞いた瞬間、私は自分自身の過去の苦い経験を思い出しました。まだ採用されて間もない頃、私自身も次のように言われたことがあったのです。

　「丸岡先生は、私たちの話を聞いてくれない」

　その当時、私自身は学級づくりも授業づくりも、子どもたちとの信頼づくりも、今よりもずっと下手くそで、毎日、教室でもがき続ける日々を送っていました。「どうしたらうまく学級づくりができるだろう」「どうしたらうまく授業ができるようになるだろう」「どうしたら子どもたちとの信頼関係をつくることができるだろう」。そんな苦悩を抱える毎日だったのです。

　そして、独りよがりに、「私自身が、子どもたちに何かをあたえることで解決するのではないか」と、ずっと思い込んでいました。また、上手に教えることができるようになれば、子どもたちにおもしろい話をすることができるようになれば、子どもたちとの信頼関係をさらに良くすることができると信じていました。

　しかし、そうではなかったのです。前述の女子がそうではないことをはっきりと教えてくれました。子どもたちは、

　「もっと私たちの話を聞いてほしい」

「もっと私たちの言葉を大切にしてほしい」

という思いを抱いているということです。つまり、「もっと私たち
を信じてほしい」「もっと私たちを大切にしてほしい」というメッ
セージであったのだと私はとらえています。

　では、そのようなことを意識するだけで「子どもたちの言葉を大
切に聞くことができるようになるのか」というと、そんな簡単なこ
とではありません。やはり、教師である私たちがもつべき専門的な
スキルや理論が必要になってくるのです。思いはもちろん大切です
が、思いとそれらが重なってはじめて子どもたちの声を聞くことが
できるようになるのです。

　そこで、本書です。私が独自に学んできた実践心理学やコーチン
グといったスキル、さらには道徳を専門的に学ぶ上で出会った知識
や理論と、現場で培ってきたものをふんだんに活かして記させてい
ただきました。

　どのスキルも理論も、子どもたちの声を教師として「聞く」ため
に不可欠なものばかりです。高学年の子どもたちと確かな信頼関係
をつくるためにも、「聞く」ことのスキルアップは欠かせません。

　ぜひ、本書の「聞く」スキルを教室で実践してみてください。じ
わりじわりと効果が表れ、これまでとは違った確かな手ごたえを感
じることができるでしょう。

丸 岡 慎 弥

CONTENTS

はじめに 003

CHAPTER 1

高学年の担任になったらここを押さえる！
学級づくりの基礎・基本

01　高学年の学級づくりは「聞く」が基本 012

02　「聞く」がつくる信頼関係 014

03　「聞く」が切り拓く子どもたちの可能性 016

04　「教える」「問いかけ」「傾聴」を使い分ける 018

05　「フラットな状態で聞く」が基本の姿勢 020

06　答えは子どもたちの中にあると心得る 022

07　気付きのチャンスをつくる「オートクライン」 024

08　可能性を開花させる「グループダイナミクス」 026

09　膨大な情報から「気付き」を引き出す 028

10　高学年の子どもたちの世界観を最大限尊重する 030

COLUMN 1

５年生の学級づくりのポイント 032

CHAPTER
2

高学年の担任が身につけたい！
「聞く」スキルの超基本

01 　まずは子どもを観察する ───────── 034

02 　子どものペースに合わせてみる ───────── 036

03 　視線を意識する ───────── 038

04 　子どもが話しやすくなる頷き方 ───────── 040

05 　本音を引き出す相槌 ───────── 042

06 　キーワードをつかむ ───────── 044

07 　「ミラーリング」で親近感を伝える ───────── 046

08 　「バックトラッキング」で信頼関係を築く ───────── 048

09 　「チャンクダウン」で具体化しながら話を深める ─── 050

10 　「スライドアウト」で思考を促す ───────── 052

COLUMN 2

６年生の学級づくりのポイント ───────── 054

CHAPTER 3

日常会話で心をつかむ！
子どもとの絆が深まる 「聞く」スキル

01　日常会話だからこそ聞けることをキャッチする ┈┈┈ 056

02　教師が言葉をかけるから子どもは心を開く ┈┈┈┈┈ 058

03　「周りに子どもは集まっているか？」を
　　チェックする ┈┈┈┈┈┈┈┈┈┈┈┈┈┈┈┈┈┈┈┈ 060

04　何気ない会話は「ながら」もOK ┈┈┈┈┈┈┈┈┈┈ 062

05　キーワードが出たときは必ず手を止める ┈┈┈┈┈┈ 064

06　子どもの表情や言葉の選び方に気を配る ┈┈┈┈┈┈ 066

07　会話に参加していない子の状態確認を忘れない ┈┈┈ 068

08　問いかけで安心感と自己決定を引き出す ┈┈┈┈┈┈ 070

09　「話してくれてありがとう！」と必ず感謝を伝える ┈┈ 072

10　「聞く」でクラスの実態をキャッチする ┈┈┈┈┈┈┈ 074

COLUMN 3

「思春期の悩み」の対応のコツ ┈┈┈┈┈┈┈┈┈┈┈┈┈ 076

CHAPTER 4

多感な時期だからこそ丁寧に！
男女別「聞き方」のポイント

01 指導の多い男子だからこそしっかり聞き取る ………… 078

02 とにかく信頼して聞く ……………………………… 080

03 「驚き」を多めに聞く ………………………………… 082

04 指導は話をすべて聞いてから ……………………… 084

05 クスッと笑えるツッコミを添える …………………… 086

06 成長が早い女子の指導はとにかく丁寧に聞く ……… 088

07 時間がかかってもしっかり聞く ……………………… 090

08 言っていることが間違っていても最後まで聞く ……… 092

09 「問いかけ」で本音を聞き出す ……………………… 094

10 「聞く」で安心と信頼を実感させる ………………… 096

COLUMN 4

「反抗期の悩み」の対応のコツ …………………………… 098

CHAPTER 5

学習意欲がどんどん高まる！
授業づくりの「聞く」スキル

01	「聞く」で授業を組み立てる	100
02	「聞く」で本時の内容を押さえる	102
03	「聞く」で学習状況を把握する	104
04	「聞く」で学びの整理をする	106
05	「聞く」ことで「聞き上手」な子どもが育つ	108
06	子どもに「自ら聞く」を身につけさせる	110
07	「聞き合う」で学びをレベルアップさせる	112
08	【国語科】「導入の聞く」で学習課題を立てさせる	114
09	【算数科】「導入の聞く」で学習の見通しをもたせる	116
10	【理科・社会科】「導入の聞く」で めあてをつかませる	118

COLUMN 5

どうする？　ジェンダー教育＆性教育 120

トラブルがあってもスッキリ解決！

クラスの結束力が
グッと高まる「聞く」スキル

01 問題は子どもたちで乗り越えさせる ⋯⋯⋯⋯⋯ 122

02 教師の役割はサポートを基本に ⋯⋯⋯⋯⋯ 124

03 立場はあくまでも「中立」 ⋯⋯⋯⋯⋯ 126

04 全体を俯瞰して「ゴール」を確認 ⋯⋯⋯⋯⋯ 128

05 全員から1人1人丁寧に聞く ⋯⋯⋯⋯⋯ 130

06 聞きながら問題を整理する ⋯⋯⋯⋯⋯ 132

07 聞くことで「振り返り」の機会をつくる ⋯⋯⋯⋯⋯ 134

08 聞くことで子どもたちに「責任」をあたえる ⋯⋯⋯⋯⋯ 136

09 問題解決へとつながる教師の「問いかけ」 ⋯⋯⋯⋯⋯ 138

10 ときには沈黙で「待ち上手」な教師になろう ⋯⋯⋯⋯⋯ 140

COLUMN 6

中学受験を目指す子の受け止め方・見守り方 ⋯⋯⋯⋯⋯ 142

おわりに ⋯⋯⋯⋯⋯ 143

CHAPTER

1

高学年の担任になったら
ここを押さえる！

学級づくりの
基礎・基本

高学年担任を成功させるポイントは、
どれだけ教師が子どもたちの声を
聞けるかどうかにかかっています。
まずは、子どもたちの声を聞く学級づくりの
基礎・基本を押さえていきましょう。

高学年の学級づくりは
「聞く」が基本

高学年学級をまとめるには、いろいろな仕掛けが欠かせません。
しかし、忘れてはならないのが「聞く」が土台となることです。

■ 「良い先生」とは

　高学年の子どもたちは、どの子も、小学校に入学してから何人かの教師に「担任」として出会ってきています。そして、これまでの担任教師を振り返り、「○○先生は〜〜だった」「□□先生は〜〜だった」と、その子なりの印象や思いを抱いてきているものです。

　そうした子どもたちは、出会ってきた教師の何を見ているのでしょうか。何をもって「良い先生」「良くない先生」を振り分けているのでしょうか。高学年の担任になったら、まずはその点に思いを馳せなければなりません。

■ 「話を聞いてくれない」と嘆く子どもたち

　これまで学校現場で長く働き続けてきた私自身の経験においても、子どもたちが教師に不満をもつ一番の要因が、「話を聞いてくれない」ということです。もちろん、具体的に突き詰めていけば個々の問題が起因していることもありますが、総じて教師と子どもたちがうまくいかなくなるときには、決まって上記のフレーズを耳にします。

　それほど「聞く」は、高学年の子どもたちと１年を過ごす上で重要なキーワードになるのです。

■ 口は1つ、耳は2つ

　人はつい、自分の話をしたくなってしまうものです。ましてや、教師という仕事となれば、こちらから子どもたちに教え、伝え、話す機会が多くなります。

　「口は1つ、耳は2つ、だからこそ、人の話は2倍聞かなければいけない」と言われるように、教師自身が、子どもたちの話に耳を傾けることをより一層意識しなければなりません。高学年の子どもたちは、たくさんの可能性と深い思考をもっています。その力を引き出すためには、教師の「聞く」が基本となるのです。

◀ ここがPOINT ▶

◀ ADVICE！ ▶

「聞いてばかりで大丈夫かな……」と不安に思うこともあるでしょうが、高学年の子どもたちは教師の聞く姿勢で自発的に語り出します。

「聞く」がつくる信頼関係

「聞く」の成果は、目に見えてすぐに表れるわけではありませんが、信頼関係を築くための重要な役割を確実に果たしていきます。

■ 信頼づくりの強力なツール

　高学年の子どもたちと充実した時間を過ごすために絶対不可欠なもの。それは何といっても「信頼関係」です。「この先生は信頼できる」「この先生と一緒にいると安心する」「先生にだったら何でも相談できる」……。そんな思いを子どもたちにもってもらえるかどうかが、1年間の学級経営を安定させ、子どもたち1人1人の成長を後押ししていってくれるのです。

　この信頼関係を築いていくことにおいて、教師の「聞く」がまさに強力なツールとなります。即効性はありませんが、一つずつ石組みしていくように継続していくことで、間違いなく強固な信頼関係が構築されていきます。

■ 心の架け橋をつくる

　信頼を、心理学の世界では「ラポール」と言います。この言葉は、もともとフランス語で「架け橋」の意味をもつように、信頼とは相手と自分の間に「心の架け橋」をつくるように築いていくものです。

　心の架け橋をつくるために必要とされるのが、「聞く力」です。人は聞いてもらえることで安心感を抱くことは言うまでもありませんが、同時にエネルギーが湧いたり、集中を引き出す効果もあります。

■ 発達段階からも「聞く」が有効

　高学年の子どもたちは、発達段階の面から見ても、いろいろなことを深く分析的に考えることができるようになってきています。低・中学年では、まだまだ第三者的な視点や客観的な視点で物事を見ることはできなくても、高学年ともなると、多くの子どもたちが自分のことをメタ的に見ることができるようになってきているのです。

　そうした高学年の子どもたちの声にじっくりと耳を傾け、考えや思い、また、夢や目標を共有して、大きな飛躍へのサポートを担っていくことも教師の役割であると自覚していきましょう。

ここがPOINT

ラポール

「聞く」が信頼をつくる！

ADVICE！

考えや思い、夢などを受け止めるだけではなく、高学年の子どもたちの声を、「1人の人間として」の声と意識して聞くようにします。

「聞く」が切り拓く 子どもたちの可能性

一見、受け身に思われがちな「聞く」という行為ですが、じつは子どもたちの可能性を切り拓く大きな可能性を秘めています。

■ マイナスからゼロだけなのか

「聞く」という言葉から、どのようなことがイメージされるでしょうか。よく「ガス抜きをしてあげよう」「ちょっと話を聞いてあげよう」といったフレーズを耳にすることがありますが、このフレーズには「マイナスな状態からゼロを目指す」といった心理がはたらいてはいないでしょうか。

もちろん、聞くことでマイナス状態からゼロを目指すこともできますし、それ自体はとても意義のあることではありますが、「聞く」の効果はまだまだ存分に発揮されていないのです。

■ ゼロを突き抜ける

アメリカの臨床心理学者カール・ロジャースが創始したカウンセラー法に、来談者中心療法というものがあります。これは、グループエンカウンターという手法で、具体的には、来談者（クライアント）がただ話をするだけでそれぞれが抱える課題を乗り越えられるというもの。聞き手は、知識や考えを押し付けたりせずに、とにかく聞くことだけに徹することで、クライアント自らに気付きが起こり、成長がはかられていくのです。

「聞く」という行為には、「ゼロを目指す」「元の状態に戻る」にとどまらず、それを通して、話し手の能力や可能性を引き出す力があります。

■ 自らの力に気付く子どもたち

　高学年の子どもたちも、日常の生活場面で、そうした可能性を引き出せます。例えば、「先生、○○についてだけど！」と怒り気味に話をしにきた子に対し、教師が「どうした？　うん、うん……」と頷いている間に、「あっ、そうだっ！」という言葉を残して、怒りを静めて教師のもとから去っていく姿などがしばしば見られます。それは、教師に話を聞いてもらうことを通して、自分の中にあった解決の力に気が付いた瞬間です。教師自身がまずは「聞く」の力、そして、子どもたちの可能性を認識して、子どもの声に耳を傾けていきましょう。

ここがPOINT

ADVICE！

　ただ漠然と話を聞くだけではなく、「子どもは自分自身で課題を乗り越えられる」と信じて話を聞く姿勢を大切にしていきましょう。

「教える」「問いかけ」「傾聴」を使い分ける

高学年の教室では、3つの「聞く」を使い分けることが大切です。
それぞれの良さと効果を認識しましょう。

■ 知らないことはどんどん教える

　「子どもたちに主体性を」「子どもたち自身で自己調整させよう」などの言葉が飛び交う昨今の教育現場。そのような言葉ばかり耳にすると、つい「教える」ということがいけないことのように錯覚してしまうことはないでしょうか。そんなことはありません。

　人は新しいことを知り、学ぶときには、教えてもらうことによってその第一歩を踏み出せるのです。教育において「教える」という行為がなくなることはありません。子どもたちの可能性を引き出すためにも、知らないことはどんどん教えていく姿勢を貫きましょう。

■ 問いかけで子どもの力を伸ばす

　知らないことを教えることは重要であるといっても、もちろん「子どもたち自身で気が付くことができること」「子どもたち自身で解決することができること」にまで教師が首を突っ込み、1から教え導くことは避けなければなりません。それでは、子どもたちのもつ力を伸ばすことができないのです。

　そうした場面においては、ぜひ、「問いかけ」を意識していきましょう。問うこともまた、子どもたちの可能性を引き出す大切なスキルです。

■ 「傾聴」で子どもの能力を伸ばす

　3つめは「傾聴」です。前述の通り、聞くことは決して守りに入るようなスキルではなく、それどころか「子どもを伸ばす」「子どもを鍛える」といった場面で活用されていきます。

　「子どもたちは自分の課題を乗り越えることができる」「子どもたちは自分で答えを見つけることができる」という姿勢で、ぜひ「聴く」という姿勢を大切にしてみてください。新たな子どもの姿、予想を超えた考えや発想に出会い、驚かされることでしょう。

ここがPOINT

ADVICE !

明らかに「子どもたちが知らないこと」については、躊躇せずに教えます。聞くスキルをもつ教師は教えることをためらう必要はないのです。

「フラットな状態で聞く」が基本の姿勢

聞くだけの教師の姿をイメージしてみると、非常に地味ではありますが、子どもたちの話を落ち着いて聞く姿勢こそが大切です。

■ ステートをより良いものに

　カウンセリングなどで対話をするときは、聞く側の心の状態がとても重要となることは言うまでもないでしょう。そのような人の心身の状態を「ステート」と言いますが、話を聞いてもらう子どもたちにとっては、教師の心身の状態がその後の状況・結果に大きな影響を及ぼします。

　教師の心身の状態が良くなければ、その効果が望めません。「聞く」ことの効果や役割と合わせて、そのことを押さえておきましょう。

■ 不純な思いは子どもにも伝わる

　聞くときの基本姿勢として気を付けたいのが、「本当はどのように思っているのかな？」と探りを入れたり、「この子をどのように伸ばしてあげようかな？」などと教育的な視点を教師が入れすぎることです。たとえ悪意はなくても、教師のより良い聞き方とは言えません。

　前述の心理学者カール・ロジャースの手法でも紹介したように、「聞く」という行為に徹することなく、少しでも意図的になってしまったり、不純な気持ちが入ってしまうと、それがそのまま子どもに伝わってしまいます。すると、子どもたちは身構えてしまい、心の内を話さなくなってしまうでしょう。

■ 「良質な聞く」という状態をつくり出す

そもそも「聞く」ことを、どうして行うのでしょうか。子どもの可能性や秘めた力を引き出すため、さらには、教師がその子自身のことを知るために「聞く」という手段をとるのです。つまり、聞くという行為の土台には、相手へのリスペクトがあり、逆にそれがなければ、「良質な聞く」という状態を生み出すことができないのです。

「子どもが自分自身の可能性に気が付く」ことを念頭に置いて、子ども1人1人に対して敬意をもちながら聞くようにしましょう。

▶ ここがPOINT

「良質な聞く」をつくろう！

◀ ADVICE！

「フラットな状態」は、意識をしなければ、つくることができません。
良質な「聞く」を実現させるために、強く意識していきましょう。

LESSON 06

答えは子どもたちの中にあると心得る

教師が子どもの話を聞く際、いくつか重要な心構えがあります。その1つが、「答えは子どもの中にある」ということです。

■ まずは子どもの力を信じる

　1日教室の中で過ごしていると、たくさんの子どもたちの声を聞くことになります。何気ない日常会話、授業中の考えを聞く場面、そして、何か困ったことがあって友だちに相談している場面など。本当にたくさんの子どもたちの声がありますが、そうした際に大切になるのが、どんな場面でも子ども自身の力を信じることです。

　子どもが自分自身で考えたり、悩んだり、迷ったりしながら、解決に向かっていく姿を常に尊重し「答えは子どもの中にある」という心構えを教師がもつことです。

■ 大人だから言うことを聞くわけではない

　高学年の子どもたちは、ほかの学年以上に「自分たちでやってみたい」「自分たちで考えてみたい」という思いを強くもっているものです。そして、少しずつ「先生 (大人) はあのように言っているけれど、本当にそうなのかな？」「先生 (大人) が言うから、絶対に正解なのかな？」という考えや思いも芽生えてきています。

　そうした子どもたちだからこそ、その成長を尊重し、「子どもたちは解決の力をもっている」という前提で話を聞くようにしていきましょう。

■ 教師が出る前に子どもに問いかけてみる

　例えば、クラスの中でトラブルが発生したとき、どのように対応されているでしょうか。すかさず、「今こそ、先生の出番だ！」と前に出すぎてしまうと、子どもたちの成長が阻まれてしまうだけではなく、教師に対する大きな嫌悪感すら抱かせてしまうのが高学年の子どもたちです。

　こうしたときにこそ、「どうしたらいいと思う？」「何かいい策はないかなあ？」と子どもたちに問いかけていきましょう。子どもたちは、教師の想像を超えた素敵なアイディアや解決策をもっているはずです。

ここがPOINT

答えは子どもの中にある！

ADVICE！

子どもたちが困りごとや悩みを相談に来たときこそがチャンスです。「どうすればいいと思う？」と問い返すように聞いてみましょう。

気付きのチャンスをつくる「オートクライン」

子ども同士の対話を深めさせる際、「聞く」ことにプラスして「オートクライン」という考えを取り入れていくと効果的です。

■ 「対話的学び」の象徴であるペアトーク

「主体的・対話的で深い学び」の実現を目指した教育が求められるようになってきてから、全国の教室でより積極的に行われるようになったのがペアトークです。それまでも、実践家の教師の方々を中心に多くの場面で取り組まれてきましたが、「対話的」という言葉を文部科学省が明確に謳ったことによって、一気に広まっていきました。

ペアトークとは、隣の人と短い時間で話をすることを言いますが、行うにあたっては、やはりしっかりとその効果やポイントを押さえていかなければなりません。

■ ペアトークでオートクライン効果を引き出す

私の授業でもペアトークを頻繁に活用していきますが、その大きな理由の1つに「オートクライン」の効果を引き出せることにあります。

オートクラインとは、コーチング用語で、自分が話した言葉(内容)を自分で聞くことによって、自分の潜在的な考えに気付くこと。つまり、相手に話すことを通じて、自分自身の考えに気付いたり、新たな考えに出会えたりするのです。私は、それをねらって子どもたちにペアトークを取り組ませています。

■ ペアトークを取り入れるタイミング

　この「オートクライン」を教師がしっかりととらえていることで、日々の会話ではもちろんのこと、授業や学校生活におけるさまざまな取り組みにおいて、どのような場面で取り入れると効果的なのかが見えてきます。「思考させたいとき」「自分の考えをもってほしいとき」「振り返らせたいとき」など、確かな意図をもって駆使することができるのです。

　もちろん、ペアトークにはほかの効果も期待できますが、オートクラインの効果を知っておくことで、その幅を広げることができるのです。

ここがPOINT

オートクラインの効果を引き出す！

ADVICE！

オートクラインは授業や話し合いのほか、すべての場面で応用可能です。そのためにも子ども同士が安心できる空間づくりが大切です。

可能性を開花させる「グループダイナミクス」

LESSON 08

子どもたちがグループになって話をする活動が増えてきました。
そうした場面で「聞く」がどんな効果をもたらすでしょうか。

■ グループ学習の効果を心得る

　P.24〜25と同じ状況・背景から、「主体的・対話的で深い学び」の実現に向けて、さらに教室で見かける光景となったのが「グループでの話し合い」です。

　ペアトークと同様に、グループの中で生まれる対話の効果とその引き出し方を教師が心得ておくことによって、グループ学習の取り入れ方や子どもたちの意見を聞く際の姿勢は変わってきます。そして、何よりも、意図をもってグループ学習に取り組ませることができるようになります。

■ グループダイナミクスを引き出す

　グループでの活動や学習を取り入れる際に期待できるのが、「グループダイナミクス」という効果です。これは、心理学者のクルト・レヴィンによって研究された集団力学ですが、具体的には、集団において人の行動や思考は集団から影響を受け、また、集団に対しても影響をあたえるということ。つまり、たった1人でいるときと集団でいるときでは、行動も思考も変わるのです。

　この効果をねらって、子どもたちにグループでの活動や学習に取り組ませていきましょう。

■ 子どもの見取りが変わる

　グループダイナミクスをちゃんと認識した上で取り入れていくと、子どもの意見を聞くことにおいても教師の意識は変わります。つまり、「1人ではこのようなことを考えない子も、集団ではこんな考えをもつようになるのか」といった驚きに満ちた見取りをもつことができるのです。

　こうした「聞く」を日々の取り組みの中で積み重ねていくと、「どの子とどの子が一緒になることで、どのような化学反応が起きるのか」を意図しながら子どもたちの声を聞くことができるようになります。

▶ ここがPOINT

このメンバーだから何かが生まれる!!

〇〇はどう！

いいねー！

おもしろ
そう！

〇〇と□□を
合わせたら
どう!?

グループダイナミクスで
劇的な変化を引き起こそう！

▶ ADVICE！

グループダイナミクスを起こすには、子どもたちが安心して話せることが大前提です。教師が積極的に「聞く」を意識していきましょう。

膨大な情報から
「気付き」を引き出す

学校生活において、子どもたちはさまざまな気付きを起こしています。そこへのアプローチが成長を促します。

■ 子どもたちはさまざまなことに気付いている

　授業で新しい教材に出会ったとき、クラスで何か解決するべき問題が起こったとき、学年みんなで運動会に取り組むとき、ありとあらゆる場面で、子どもたちはそれぞれの気付きを起こしています。

　教材と出会えば興味・関心や知的好奇心を、問題や課題と出会ったときにはその原因・解決策を、そして、何かを成し遂げようとするときには、仲間との真の友情を……。そうした子どもたちの気付きを開花させていくためにも、教師が「聞く」をフル活用させていくことが大切です。

■ フロイトの氷山モデルを知る

　オーストリアの心理学者であり精神科医のフロイトの無意識に対する考えを表す「氷山モデル」をご存じでしょうか。一般的に、「氷山の一角」などと言われますが、フロイトは意識と無意識を「氷山」にたとえてその見解を示したものです。人の意識はあくまでも氷山の一角でしかなく、その下に膨大な無意識が潜在しているとのこと。

　この考え方は、そのまま高学年の子どもたちにも置き換えることができます。意識できているその下には、無自覚である無意識が眠っているのです。

■ 「問い」で子どもたちの気付きを引き出す

　では、子どもたちの無意識の気付きをどのように引き出せばいいのでしょうか。そのカギは、教師の「問いかけ」と「聞く姿勢」にあります。

　人は問われれば、自ずとその方向に思考を向け始める生き物です。例えば、「なぜ、信長は天下統一に乗り出した？」と問えば、信長の猛々しさなどに意識が向きますし、「信長の城下町づくりの工夫は？」と問えば、信長の先進的な街づくりに思考が向くというようにです。つまり、逆の発想から言えば、教師が問いによって子どもに何を思考させたいかが重要で、それこそが気付きの先にある成長へとつながるカギとなります。

▶ ここがPOINT

問いが無意識にあるものを意識化する！

▶ ADVICE！

「問い」と「聞き方」はいつもセットです。特に問いを出した後の聞き方を常に意識するようにしましょう。

LESSON 10

高学年の子どもたちの世界観を最大限尊重する

高学年の子どもたちとのコミュニケーションの質を高めていくためには、その世界観を最大限リスペクトすることが大前提です。

■ 尊重への入り口となる「聞く」

　相手の世界観を最大限に尊重するとは、そもそもどういうことでしょうか。その言葉からなんとなくのイメージはできても、実際に、何を、どのようにしていくことなのかは具体的に説明しにくいものです。

　高学年の子どもたちの世界観を尊重する入り口となるのが、やはり「聞く」です。聞くことによって、子どものことを知り、その世界観に触れていくことができるのです。

■ 子どもの「椅子」に座ってみる

　心理学のワークで「ポジションチェンジ」「エンプティチェア」と呼ばれるものがあります。これらのワークでは、いずれも、コミュニケーションをとりたい相手が目の前に座っている様子を思い浮かべ、途中、実際に相手の椅子に座ることで自分の様子を見る時間が設定されています。これは、「相手の見ている世界は、自分の見ている世界とは違うもの」ということを体験を通して感じるワークです。

　子どもを教え導く教師であるといっても、子どもたちが見ている世界がすべて見えるわけではありません。聞いて知り、興味・関心を抱くことで、理解は深まります。

■ 「世界観」への理解を深める

　高学年の子どもたちは、子どもたちなりに学校やクラスという世界を見ています。そして、それはもちろん、教師が見ている世界とは違ったものが繰り広げられています。それらをすべて把握することは不可能ですが、知ろうとする努力は必要です。

　高学年の子どもたちとより良いクラスをつくり上げていくためにも、また、日頃からの「聞く」という行為の質を高めるためにも、「子どもの世界観」に耳を傾け、理解を深めていきましょう。その積み重ねにより、信頼関係がかたちづくられていきます。

▶ ここがPOINT ◀

子どもの世界観を最大限尊重する！

▶ ADVICE！ ◀

　実際に放課後の教室で、子どもたちの椅子に座って教室を見渡しながら考えてみましょう。いろいろなことに気付きが生まれるはずです。

５年生の学級づくりのポイント

　「５年生」「６年生」は、それぞれ「高学年」という括りになり、似たような学級づくりができるのではないかと思われがちですが、じつはこの１年には大きな差があります。

　ここでは、５年生の学級づくりのポイントを見ていきましょう。

　５年生の学級づくりのポイントは、ずばり

　学校を支える存在であるという自覚を育てること

です。

　低学年では自分たちのクラスを、中学年では自分たちの学年を軸に学級づくりを考えていく場面が多くありますが、高学年では、「自分たちの学校について考える」ことを大切にしていきます。

　学校の中でもリーダー的な役割を果たす高学年の子どもたちが、学校のことをどのように考えていくかによって、学校全体の雰囲気は大きく変わってくるのです。学校を引っ張る主体が６年生であるということは間違いありません。具体的には、委員会では委員長を担ったり、クラブ活動では部長を任されたりと、さまざまな場で活躍することでしょう。

　では、５年生はどういう立ち位置となるのでしょうか。前述の通り、リーダーである６年生を５年生がしっかりとフォローするという役割を担います。

　良いリーダーは良いフォロワーがいてはじめて生かされます。５年生は、６年生にとって一番の良きフォロワーとならなければなりません。そのことを、クラスにおいて、しっかりと教師から語るようにしましょう。特に、「良いフォロワーがいるからこそ、良いリーダーになるんだ」という視点をもたせていくことが大切です。

　そして、６年生との活動の後には、「どんなフォローができた？」と丁寧に話を聞き取っていくことを忘れないようにしていきましょう。

CHAPTER

2

高学年の担任が身につけたい！

「聞く」スキルの 超基本

子どもたちの声を聞くためには、
心構えとともに、スキルが必要です。
声を聞くための土台となるスキルを紹介します。

まずは子どもを観察する

子どもたちの声を聞く力を高めるために、最初に意識することは、子どもたち1人1人を丸ごとじっくりと観察することです。

■ 人を見て法を説け

　もう高学年とはいえ、大人にしか分からないような難しい言葉で話しかけたり文章を書いたりしたところで、その内容・真意が伝わることはありません。

　「人を見て法を説け」という言葉があるように、相手に伝えたいことがある、相手に望むことがあるときには、まずは相手を知ることから始まります。逆に、相手を理解するどころか、知りもしない状態では、どのようにして聞くことがより良い効果が得られるかを導き出せません。

■ キャリブレーションを使いこなす

　相手をじっくり観察することを、心理学では「キャリブレーション」と言います。このキャリブレーションは、相手を観察することを意味しますが、その観察の視点をもっと細分化してとらえながら考えることとなります。

　例えば、その人のしぐさはどうか、心の状態はどうなっているか、話し方にはどのような特徴があるのか、目線はどこを向いているのかなどです。こうしたマクロな視点で相手を観察することが重要であり、ひいては、それが相手理解を深めます。

■ 子どもたち1人1人の特徴をとらえる

　高学年の子どもたちを観察していると、さまざまなことに気付かされます。子どもたちにはそれぞれ個性があり、教師や友だちに対してまったく物怖じせず話せる子、誰に対しても壁をつくらずに話ができる子もいれば、言いたいことがあってもモジモジしたり、なかなか話を切り出せない子など、いろいろなタイプの子どもたちがいます。しかし、それは当たり前のことです。

　まずは、クラスの子どもたちがどのような特徴や個性をもっているのかを観察し、1人1人をとらえることから始めていきましょう。

▶ ここがPOINT ▶

キャリブレーション

まずは子どもをよく観察する！

◀ ADVICE！ ▶

4月の学級開きからキャリブレーションを意識しましょう。自分の習慣にしてしまうくらい、意識を高めて子どもたちを観察していきます。

子どものペースに
合わせてみる

高学年の子どもたちの声を聞くときには、子どものペースに合わせるスキルが欠かせません。その具体的な方法をお伝えします。

◾ 相手に合わせるからこそ

　自分の足が痛いのに、せかせかと急がされてしまうハイキング。こうした場面で、自然を楽しみながら山道を歩き続けることはなかなか難しいものです。しかし、足が痛いことを感じ取ってもらい、「大丈夫？」「休みながら進みましょう」などと言ってもらえたならば、足が痛い中でも自然の豊かさを感じたり、人のやさしさに深く感じ入ったりすることができるでしょう。

　子どもの声を聞くとき、その真意をつかみ取るためにも、「子どものペースに合わせる」は非常に重要な要素です。

◾ 一体感が感じられるからこそ安心感が生まれる

　相手のペースに合わせることを、心理学では「ペーシング」と言います。「波長が合う」「気が合う」などといった言葉もあるように、人は、相手と一体感を感じているときにこそ、安心感や信頼感が育まれていきます。そして、「この人になら安心して話ができる」という気持ちも芽生えていきます。

　子どもたちの声を聞くためには、子どもたち自身に安心感を抱いてもらうことが欠かせない要素となります。

■ ペーシングはキャリブレーションから

　前述のペーシングを高めるためには、とにもかくにも「相手を観察する」（P.34〜35参照）からスタートです。ハイキングの例にもあるように、観察するからこそ、相手が足を痛めていることに気付きます。そして、そこから、どのぐらいの痛みなのかを聞き取ったり、ペース配分を考えたりすることができるようになるのです。

　子どもがどのような表情で話しているのか、どのような心の状態でいるのか、今、何を考えているのか。目に見えることと見えないこと、双方にペーシングしていきましょう。

ここがPOINT

すごーっ！！

そうなんだね

子どもを観察し、子どもに合わせる！

ADVICE！

声、表情、しぐさ、呼吸、心の状態……あらゆることを観察し、それらを子どもに合わせながら、話を聞いていきましょう。

LESSON 03 視線を意識する

子どもたちに声を聞くとき、視線も重要な要素の１つです。教師からの視線、子どもからの視線、双方の立場から考えてみましょう。

■ 「目」の重要性

　「目は口ほどに物を言う」「目は心の鏡」などと、ことわざや慣用句には目のもつ役割や効果を言い得たものがたくさんあります。科学・医学などが発達していなかった時代においても、人は「目」のもつ力や影響を十分に理解していたことが分かります。

　心理学には「アイ・アクセシング・キュー」と呼ばれるスキルがありますが、これは目の動きを見て相手の状態を知るアプローチ法。子どもたちから話を聞く際には、目、視線への意識も忘れずにもつようにしましょう。

■ 目から子どもたちの思いを感じる

　P.34〜35で紹介した「キャリブレーション」の項でも述べましたが、子どもたちを観察する際、目の動きには特に注目していきましょう。例えば、「正直に言っているときには、まっすぐに教師のほうを見ている」「何か隠したいことがあるときには、どこか目が泳いでいる感じがする」などといったことは、子どもたちとの関わりの中で、誰しも感じたことがあることだと思います。

　子どもたちが無意識に動かしている目だからこそ、察知できること、つかみ取れることが確かにあります。

■ 目で雰囲気をつくってみる

　子どもたちの声を聞く側の教師も、ぜひ目を意識していきましょう。やさしい目で子どもたちを包むのか、真剣なまなざしで子どもたちを見つめるのか、ほんの少しの目の動きであっても、子どもに伝わる印象は大きく変わります。

　また、クラス全体で子どもたちの声を聞いたり、教師の側から伝えたりするときにも、「全員を見る」「あえて視線を外す」など、目の動きを意識して子どもたちの前に立つようにすると、子どもへのメッセージ性が高まり、注目度が上がるなどより良い効果が期待できます。

ここがPOINT

怒る目　　笑う目　　真剣な目

目を使い分けてみる

ADVICE！

授業中にも子どもたちの目を見ていきましょう。考えや答えに自信をもっているのか、まったく自信がないのかなどが読み取れます。

子どもが話しやすくなる頷き方

子どもたちの話を聞き出すには、頷きが非常に大切です。ここでは、より効果的な頷きについて考えていきましょう。

■ 漫才師のスキルに学ぶ

　テレビ番組などで漫才を見ていると、そのテンポの良さに感心させられることがしばしばあります。特に頷きや相槌が絶妙なのです。やりとりから分析してみると、コンビの２人が同時に話し続けているということはなく、一方がテンポよく話し、一方が相手のテンポに合わせて頷きを入れていることが分かります。まさに、頷きの最高のモデル。

　相手の話に合わせて頷きを入れていくタイミングについては、ぜひとも参考にし、子どもたちの話を聞く際に活用していきたいものです。

■ 頷き・相槌が会話を整える

　頷きとは「うんうん」「そうかそうか」などと言いながら相手の会話を聞くこと。相槌とは「へ～」「なるほどね～」などと会話の合間に入れ込みながら調子を整えることです。こうした頷きや相槌を適切に用いながら話を聞いていくことで、子どもたちは気持ちよく自分のことを話してくれるようになります。

　この頷きや相槌も、テンポやリズムがポイントになります。ちょっとのズレや間違いで、子どもに不快感をあたえたり、話す意欲を減退させたりしてしまうということを忘れないようにしましょう。

■ キャリブレーションとペーシングを大切に

　では、子どもに不快感をあたえないような、より良い頷きや相槌とはどういうものでしょうか。それは、キャリブレーション（P.34〜35参照）を丁寧に行い、ペーシング（P.36〜37参照）を意識することです。

　テンポやリズムはもちろんのこと、子どもの話に合わせた頷き・相槌はとても心地のいいものです。逆に、話に合わない頷きや相槌は、子どもに「先生に聞いてもらえていない」という印象を抱かせて、失望感すらあたえてしまいます。丁寧に子どもの表情や目を見ながら行うようにしましょう。

ここがPOINT

頷きで話しやすい雰囲気を！

ADVICE！

テレビ番組などのMCにも頷き・相槌のヒントがいっぱいです。上手な人をよく観察して学び取り、実際にマネしてみましょう。

本音を引き出す
相槌

前項でも触れた相槌についてもう少し考えてみましょう。相槌には、相手の思いを深く聞いたり広げたりする効果があります。

■ 頷きで会話のアクセルとブレーキを踏む

　頷きと相槌。よく似たもののように思いますが、それぞれに役割や効果が異なります。「頷き」は、車でいうとアクセルとブレーキの役割を果たします。相手の話の調子に合わせて気持ちのいい頷きを入れることで、話をより勢いづけるはたらきをもっています。逆に、相手のペースからあえて外し、ゆっくりと頷きを入れることで、相手の話のペースを崩したり落としたりもします。

■ 相槌で相手のハンドルを握る

　一方、相槌は、相手の話のハンドルと言ってもいいでしょう。「へ～」「そうなんだ～」「なるほどね～」などと言うことによって、いったん話を落ち着かせたり、区切りとなったり、会話の分岐点をつくることができます。

　また、相手の会話に、こちらから質問を入れるためのチャンスにもなります。質問については、P.50～53でも詳しく紹介しますが、話の内容をさらに広げたり深めたりする役割や効果があります。

■ 会話スキルを駆使して質の高い会話に

　頷きを入れることで相手のペースで話をしてもらい、相槌を入れることで話のペースをこちらに戻す。聞き手として、この2つのスキルをうまく使いこなしていくと、こちらが意図した会話を子どもたちと行うことができるようになります。

　高学年ともなると、深い話や真剣な話がより具体的なかたちで展開される場面が多くなってきます。その際、教師がこうした会話スキルを駆使していくことで、子どもたちとより充実した時間が過ごせるようになります。

▶ ここがPOINT

相槌で会話のペースを教師がつくる！

ADVICE !

アナウンサーや司会者、噺家など、「頷き」「相槌」のプロが世の中にはたくさんいます。ぜひともその技を盗み、取り入れてみましょう。

キーワードをつかむ

子どもの声を聞くときに大切なのは、キーワードを外さないことです。ここでは、キーワードのつかみ方を押さえていきましょう。

■ キーワードをしっかりキャッチする

　子どもの声をよく聞く教師のもとには、たくさんの子どもの声が届きます。教師からはたらきかけなくても、子どものほうから積極的に、あるいは何気ないかたちで日常的に声をかけてきてくれるものです。

　こうした会話は、実際たわいもない話が多く、それが故に「うんうん」と頷きながら気軽に耳を傾けていくことがほとんどかと思いますが、ときに、子どもたちから重要な言葉が発せられることがあります。これを聞き流してはいけません。まさに話の「キーワード」となり、子どもが発するメッセージとしてしっかり受け止めていきましょう。

■ キーワードにはプラスとマイナスがある

　高学年ともなると、子どもが教師に話す内容を選んだり、「こんなことを言ってもいいのかな〜」などと躊躇したりする傾向が強く出てきます。だからこそ、話に潜むキーワードを外さないように耳を澄まさなければなりません。

　このキーワードには、プラスとマイナスの面が存在します。つまり、良い話と悪い話との双方があるということです。そのどちらであっても丁寧に教師がキャッチすることが、その子の心配事を受け止めることができる重要な機会につながっていきます。

■ キーワードとは何か

では、このような重要なキーワードとは、そもそもどのようなものなのでしょうか。例えば、「人」「時間」「場所」「出来事」「数字」などが挙げられます。具体的には、「昨日、お父さんの家に行ってきて……」などと子どもが話したときには、センサーを敏感にさせたいものです。何か特別な1日だったのかもしれませんし、あるいは、お父さんとの関係性にメッセージがあるのかもしれません。また、「○○大会で最後に負けちゃって〜」と話してきたら、その子にとっての大切な出来事だったことが分かります。ぜひ、たくさん話をさせてあげるように促しましょう。

ここがPOINT

ADVICE！

状況によって、「ながら聞き」をせざるを得ないとしても、キーワードだけは絶対に聞き逃さないように意識しましょう。

「ミラーリング」で
親近感を伝える

子どもたちの声が聞き取りやすい環境づくりには、さまざまな
スキルが不可欠です。まずは、ミラーリングについて紹介します。

■ 安心感があるから話ができる

ミラーリングとは、鏡のように相手に合わせて同じ行動をすることです。例えば、相手が立って話をしていたら、こちらも立つ。相手がお茶を飲んでいたら、こちらも飲むといった具合です。

人は一体感をもつことで安心感を抱く傾向があることからも、このミラーリングはぜひとも「聞く」場面において活用していきたいものです。子どもたちが話しやすい雰囲気にしていくために、さらには信頼関係を築いていくためにも、まずは子どもたちに安心感をもたせるミラーリングが欠かせません。

■ ミラーリングもキャリブレーションから

ミラーリングを効果的にするためにも、やはりキャリブレーション（P.34〜35）は外せません。何度も紹介しているように、キャリブレーションは、子どもたちの声を聞きやすくするための根幹となるスキルなのです。

相手をよく観察しなければ、相手の行動をマネすることはできません。

繰り返しになりますが、まずは子どもたちをじっくり丁寧に観察すること。そこから「聞く」をスタートさせていくことを徹底させていきましょう。

■ タイミングを見つける

　子どもたちと関わり、会話を展開させていく中で、実際に何をミラーリングするといいのでしょうか。その1つが、しぐさです。子どもたちの何気ないしぐさに、さりげなく合わせていくように動きます。具体的には、子どもが教科書をめくったら教師もめくる、子どもがノートを開いたら教師も開く、掃き掃除をしていたら教師も掃くなどです。

　タイミングを合わせて子どもと同じ行動できることがあれば、ぜひ迷わずやってみましょう。教師のさりげない動きによって、子どもの安心感が自然と引き出されていきます。

ここがPOINT

立つ ＝ 立つ

頭をかく ＝ 頭をかく

手をふる ＝ 手をふる

子どもをさりげなくマネる！

ADVICE！

ミラーリングは、とにかくさりげなく行うことがポイントです。わざとらしくなると、逆に不快感をあたえしまうので要注意。

「バックトラッキング」で
信頼関係を築く

子どもたちの声を聞く中で、非常に有効だと感じられるスキル
にバックトラッキングがあります。ぜひ活用していきましょう。

■ 「聞いているよ」が伝わるスキル

バックトラッキングは、別名で「オウム返し」と呼ばれるスキルです。
オウム返しと聞くと、「あっ！」と気が付く方もいるかもしれませんが、
文字通り、相手が言った言葉をそのまま復唱するように返していく方法
です。例えば、「朝ごはん、パンを食べたんだ」と子どもが言ったら、教
師も「朝ごはんは、パンを食べたんだね」と返すのです。

頷きや相槌と同様に、相手に「ちゃんと聞いているよ！」のメッセージ
が伝わります。

■ 自分の言葉を聞くことで安心感がアップ

バックトラッキングを活用すると、とても話しやすくなる上に、子ど
もたちの声をより詳しく聞くことができるようになります。それは、「自
分の発した声を相手が発することで安心感が生まれる」という効果があ
るためです。

人は自分の言葉を相手から聞くことで、自分の言ったことを改めて確
認することができると同時に、安心感もアップさせることができます。
その心理作用を活用していきます。

■ バックトラッキングでたくさんの声を聞く

　バックトラッキングが活用できるようになると、子どもたちはたくさんの声を聞かせてくれるようになります。

　例えば、「野球の〇〇選手に会ってきました」と子どもが言った後に、「〇〇選手に会ってきたんだ！」と驚いたように返していくと、その子は「先生が興味をもって聞いてくれている」と安心感をもつと同時に、話したい意欲にさらに火がつきます。すかさず、「野球は家族みんなで行って、それでね……」とさらに野球に行ったときのことを、詳しく気持ちを乗せながら話してくれるようになるでしょう。

▶ ここがPOINT

ADVICE！

バックトラッキングは、授業中にも大いに活用できます。自分の考えの確認とともに、さらに思考が多様に広がっていきます。

「チャンクダウン」で
具体化しながら話を深める

子どもたちの声をさらに深く聞き取るためには、チャンクダウンを活用するのが有効です。ポイントを整理していきましょう。

■ 会話を自在にコントロールする

　子どもたちと対話をしていると、「ここをもっと詳しく知りたいなあ」と感じることがしばしばあります。例えば、「昨日は寝るのが遅くなったんだよね」と聞けば、「どうして遅くなったのか？」「いつも遅くなるのか？」などと、さまざまな疑問点やツッコミ要素が生まれます。

　子どもの話を聞いている際に、「ここを深く聞きたい」と思ったところで自在にツッコミを入れられるように、教師が会話全体をコントロールしていくスキルを身につけましょう。

■ 会話のかたまりを砕く

　子どもたちとの会話に自在にツッコミを入れることができるようになるには、チャンクダウンが効果的です。「チャンク」とは、「かたまり」という意味ですが、つまりチャンクダウンは、そのチャンク（会話のかたまり）をハンマーで砕いて細かくしていくイメージのスキルです。

　教師が会話の内容を細かく砕いていくことで、より詳細な話題を引き出すことができます。

■ オープンクエスチョンで深める

　会話のかたまりを細かくしていくための具体的な方法は、「問いかけ」のスキルをフル活用していくといいでしょう。

　「そのことをもう少し詳しく教えてくれる？」「それってどういうこと？」などといったフレーズを活用して子どもの話を深めていくのです。いわゆる「オープンクエスチョン」というものですが、これを駆使することによって、子どもたちからさらに深い話や本音が出てくるようになります。

ここがPOINT

ADVICE！

深く突っ込んだことを聞くときには、慎重にもなりましょう。問いすぎることによって子どもを追い込んでしまうことがあります。

「スライドアウト」で
思考を促す

子どもたちとの会話をコントロールするためには、あともう1
つのスキルが必要です。それが、スライドアウトです。

■ 2つのスキルで会話をコントロールする

　前項のチャンクダウンは会話を深めるためのスキルでした。紹介した
ように「この話題を深めたい！」というときにはチャンクダウンは非常に
有効ですが、「もっと会話を広げたい！」ときには、チャンクダウンでは
不十分です。

　会話を広げるためには、「スライドアウト」というスキルを使いましょ
う。これを使いこなすことで、会話がぐっと広がります。

■ 活用フレーズは1つ

　具体的にどのようにすれば、会話を広げることができるのでしょうか。
チャンクダウンには、いくつもの問いの型がありますが、スライドアウ
トはたった1つだけ。それは、「ほかには？」という問いかけです。

　子どもの話のタイミングをみながら、「ほかには？」という問いかけを
入れていきましょう。内容がどんどん広がっていきます。例えば、子ど
もたちと日常的な会話をしている最中に、ずっと野球の話題が挙がって
いたとしても、「ほかには？」で話題の転換をはかることができるのです。

■ 授業の中でフル活用

日常の会話の中だけではなく、授業の中でも、チャンクダウンとスライドアウトはどんどん活用していきたいスキルです。

例えば、子どもたちが出した意見や考えのうち、「この意見を深めたい」と思うものにはチャンクダウンがうってつけです。一方で、「この場面ではどんどん意見を広げていってほしい」と思う場面においてはスライドアウトが有効です。

この2つのスキルを使いこなすことで、授業でも子どもたちとの対話がうまく回り、学習意欲の高まりや深い思考への実現がはかられます。

ここがPOINT

「ほかには？」で、どんどん会話を広げる！

ADVICE！

「まだまだ話したい」と思っているときにスライドアウトを活用してしまうと、「聞いてくれていない」という印象をもたせるため要注意です。

6年生の学級づくりのポイント

ここでは、6年生の学級づくりについて考えていきましょう。COLUMN1でも述べたように、6年生の学級づくりでは「学校のリーダーであることへの自覚」がポイントとなります。自分たちのクラスを大切にしつつも、委員会活動、クラブ活動、学校行事など、あらゆる場面でリーダー性を求められます。「学校のリーダー的存在となるのは6年生である1年間だけ」と子どもたちとも共有しておきましょう。時間の有限性を意識させることで、子どもたちも「6年生という時間」をより一層大切にするようになっていきます。

子どもたちは、「小学校生活最後の1年、良い思い出をつくりたい」という願いをしっかりともっています。

「小学校最後の1年間、どんなクラスにしたい？」

「みんなで思い出をつくるためには、どんなことができるだろう？」

最高の思い出をつくりたいと思っている6年生の子どもたちは、教師からのこうした問いかけに一生懸命考え、行動していきます。

また、5年生のときよりも、「人間関係のトラブル」が多く見られるのも6年生の子どもたちの特徴です。トラブルとはいえ、これは子どもたちにとっては必要な経験です。この経験をどのように主体的に乗り越えていくのかが重要なのです。

そのためにも、トラブルが起こったときにどう指導するかを教師はしっかりと考え、対応していかなければなりません。教師が引っ張って解決してしまうのか、あるいは、教師が聞き役に回って子どもたち自身で自分たちの課題を乗り越えていくのか。

6年生の学級づくりの大きな分かれ道となっていきます。

日常会話で心をつかむ！

子どもとの絆が深まる「聞く」スキル

学校生活において、
子どもたちがもっとも長い時間を過ごすのは授業ですが、
もっとも印象に残る時間は休み時間です。
休み時間にどのように子どもたちの声を聞くかが、
学級づくりに大きく影響していきます。

日常会話だからこそ 聞けることをキャッチする

子どもたちとの何気ない会話。その中にこそ、その子にとって
大切な情報が入っています。積極的に耳を傾けていきましょう。

■ 子どもたちはいつ心の声を語るのか

　授業時間をはじめ、休み時間、給食時間、掃除時間など、学校生活に
はさまざまな名前の付く時間がありますが、こうした時間の中で、子ど
もたちが本音を話すのはいつでしょうか。それは、休み時間です。

　子どもたちがリラックスして、自分のことを語れる時間は、意外と少
ないのです。このことも教師として押さえておきたいものです。

■ 休み時間にこそ子どもの本音が飛び出してくる

　登校から下校まで、やることがみっしり詰まった学校生活ですので、
休み時間ともなれば教師も正直ほっと一息つきたいこともあるでしょ
う。もちろん、そうした休息時間をもつことはとても大切です。ただ、
休み時間にいっさい子どもたちと関わらないというのでは、子どもの本
当の声を逃してしまいます。

　休み時間はもちろんのこと、子どもたちが登校した朝の時間、授業と
授業の間のふとした瞬間、そして、下校時の徐々に子どもが少なくなっ
ていく教室……そうした機会に子どもは教師に伝えたいことをポロっと
口にするものです。そこで口にする子どもたちの本当の声を逃さないよ
うにしていきましょう。

■ 子どもにとって安心できる環境か

　高学年の子どもたちは、どんな状況・環境で話ができるかをとても気にしています。例えば、みんなが遊びに出て行った休み時間、教室に教師しかいないとなれば、より話しやすいと感じることでしょう。また、「今日は○○のことを先生に伝えよう」と胸に秘めていた場合、まだほとんどの子どもが登校してきていないとなれば、その思いは教室に入ったと同時にあふれます。人が少なくなる下校時間も、友だちに聞かれない状態で話をすることができます。こうした状況を教師が想定して、子どもたちが安心して話せる環境を、先んじて用意しておくことも大切です。

ここがPOINT

塾しんどいな〜

この前の算数分からなくて〜

じつは○○さんとケンカをして……

休み時間だから本音が聞ける！

ADVICE！

子どもたちと大切な話をするときには、「○○で話しても大丈夫？」などと話す場所や環境を丁寧に確認するようにしましょう。

教師が言葉をかけるから
子どもは心を開く

子どもの心の扉をノックするのは、やはり教師からの言葉かけです。そのことを、強く認識しましょう。

聞き方の例

「最近、どう？」

最近、どう？

元気だよ〜

いい感じだよ〜

何気ない言葉かけこそ大切！

NG！

高学年の子どもたちには、みんなに聞こえるような大きな声で話しかけてはいけません。その子との1対1の関係を大切にしましょう。

■ 普段から何気ない言葉かけを

学級担任として過ごしていると、気になる子どもが1人や2人はいるものです。また、普段は何もないようでも、何か指導をした後でそれをずっと気にしているという子どももいることでしょう。

そんなときには、積極的に教師から言葉をかけることが大切です。教師から子どもに言葉をかけることが、子どもたちにとっての安心・信頼にもつながります。

■ 「毎度！」と同じ調子で

とはいえ、いくら教師という立場であっても（逆に教師という立場であるからこそ）、何から切り出せばいいのか分からないこともあるはずです。そこでおすすめの使えるフレーズが、「最近、どう？」です。関西圏の調子だと、「毎度！」といったところでしょうか。

突然聞かれた子どもは、口ごもったり、「別に……」と言うかもしれません。しかし、「先生に気にかけてもらっている」ことはちゃんと伝わり、それによって少しずつ心の扉を開いていくのです。この「心の扉を開くきっかけ」がとても重要です。

■ 声をかけた後の様子を見逃さない

また、最初は「別に……」と言った子も、その後、「先生、じつは……」と切り出すことは少なくありません。それは、やはり「先生に気にかけてもらった」ことによって信頼が生まれたからこそ、子どもは教師に話そうと思うようになるのです。

また、このような「聞く」かたちでの言葉かけを普段から根気よく行っていくことで、教師自身も子どもに言葉をかけやすくなります。

▶ **FOLLOW UP！**

「最近、どう？」の後の様子を見逃さないようにしましょう。何か教師に話したがっているようなシグナルを発しているかもしれません。

LESSON 03

「周りに子どもは集まっているか？」をチェックする

子どもの話に、ただ「うんうん」と頷いているだけの時間がどれだけありますか。そんなたわいない時間こそが大切です。

聞き方の例

「うんうん」「へ～」

たわいない会話をたくさんする！

NG！

少し慣れが出てきてからでは遅いです。子どもとの信頼関係づくりは、4月が勝負です。4月は特に丁寧に子どもの声を聞くようにしましょう。

■ 教師のもとに子どもはいるか

P.40～43で紹介した頷きと相槌。これらを効果的に行って子どもたちとの関係を築いていくためにも、日頃から子どもたちの声を聞くことが習慣となっていなければなりません。それは、そもそも子どもたちが教師に話しかけなければ、頷きと相槌ができないからです。

普段から、子どもたちが教師のもとにやってきて、何気ない日常会話をしているかどうかがクラスの状態のバロメーターとなります。子どもたちの様子をチェックするようにしましょう。

■ 4月から信頼関係をつくっているか

子どもたちが教師のもとに集まってくるかどうかは、4月の学級開きの時期がカギとなります。高学年であるとはいえ、子どもたちは「どんな先生なんだろう？」と担任となった教師に興味津々。そうした時期であるからこそ、教師のもとにやってきて、たくさんのことを話すのです。同時に、子どもたちは、教師が自分の話を聞いてくれるのかどうか見極めます。4月から、強く意識して子どもの話を聞いていきましょう。

■ 安心できるから離れていく

1年間を通して、ずっと教師のもとに子どもたちが集まっていなければクラスの状態が良くないのかというと、そんなことはありません。1学期の前半で、「この先生とならやっていける！」と確信し、安心を得た子どもたちは、その後、教師のもとを離れ、友だちと一緒に過ごす時間を選ぶようになっていきます。これは、「この先生は信頼できる」という土台ができているからこそです。

そうした状態であれば、何か大切なことは必ず話してくれます。

FOLLOW UP !

いつまでも教師のもとを離れず、友だちと過ごせない子も心配です。そのような場合は、友だちの輪に入るサポート役に努めましょう。

何気ない会話は「ながら」もOK

子どもの声をじっくり聞きたくても、教師にはどうしても時間がないときもあります。「ながら聞き」もうまく活用しましょう。

聞き方の例

「へ～、○○なんだ～」

「ながら」会話も有効に！

NG！

つい時間に追われてイライラしてはいけません。ながら聞きは、慣れるまではバランスがとりにくいこともあります。まずは感情をしっかりコントロールしましょう。

■ 「ながら聞き」を許可しよう

公立の小・中学校教師の休憩時間の調査（教職員組合）で、なんと4割が0分というニュースが流れていました（2022年12月）。そのような状況下で、「じっくり子どもの話を聞きましょう」「いつも手を止めて子どもの話を聞きましょう」などとアドバイスされたところで、正直、「そんな時間は……」という思いが頭をかすめてしまうのも理解できます。だからこそ、子どもとの何気ない会話は、「ながら聞き」をOKとすることを自分に許可していきましょう。

■ バックトラッキングを活用する

とはいえ、子どもたちにも話を聞いていることは明確に示したいところです。また、ながら聞きをすることに集中しすぎて、肝心な子どもたちの会話の内容が入ってこないことも問題です。そこで、P.48〜49で紹介した「バックトラッキング」の出番です。

バックトラッキングを効果的にするためには、最低限、子どもたちの声を聞かなければなりません。「どれだけ忙しくてもバックトラッキングだけはする」と意識することです。

■ バックトラッキングで会話の効率化を

バックトラッキングは、相手に話を聞いていることを伝える役割も果たします。ながら聞きの際、ただ「うんうん」と頷きのみを繰り返していれば、「先生は忙しいから、ちゃんと聞いてくれない」と子どもたちも心を閉ざしてしまいます。せっかくの会話を有意義なものにしていくためにも、ぜひバックトラッキングのスキルを日常に取り入れてみましょう。子どもたちに、「聞いているよ」というサインがしっかりと届きます。

FOLLOW UP！

子どもの話を聞いた後、「何か気になるな……」と少しでもザワザワした場合は、必ず「あのとき、何て言ったの？」と聞き返しましょう。

LESSON 05
キーワードが出たときは必ず手を止める

日常会話は子どもたちが心の扉を開いてくれている時間です。その中では、大切なワードが飛び出すことも少なくありません。

聞き方の例

「もう少し詳しく教えてくれる？」

NG！

無理に話をさせることは厳禁です。チャンクダウンで相手から引き出すことができますが、話したがっているかどうかをよく観察するようにしましょう。

■ 聞くときにはバックトラッキングを意識

休み時間などの何気ない時間にこそ、子どもたちの心の声が表れるということは前述しました。教師であればマルチタスクが要求されるのは致し方ありません。例えば、子どもたちの宿題を点検している際にも、子どもたちの言葉を聞き逃さないようにアンテナを張っておく必要があります。そのためにも、繰り返しとなりますが、P.48～49で紹介した「バックトラッキングをしながら聞く」ことが必要となります。

■ キーワードにオープンクエスチョンを

アンテナを張り巡らせながら子どもたちの声を聞いていると、ふとした瞬間にキーワードが耳に飛び込んでくることがあります。そんなときにこそ、「チャンクダウン」（P.50～51）の出番です。そのキーワードをもとに、子どもにオープンクエスチョンをぶつけてみましょう。

特におすすめの聞き方が、「もう少し詳しく教えてくれる？」です。きっと子どもは心を開き、大切なことを教えてくれるでしょう。

■ キーワードから大切な情報を得る

キーワードをキャッチして、そこからより深く聞き取ることで、担任として大切な情報が得られるケースが少なくありません。例えば、家庭環境が気になる子どもの状況を詳しく話してもらえたり、友だち関係のトラブルの芽を知ることになったりなどです。

こうした情報は、本当に何気ない会話の中から聞かれることがほとんどです。ぜひ、聞くスキルを最大限に駆使して、子どもとの信頼関係の構築と最高の学級づくりに役立てていきましょう。

FOLLOW UP！

子どもから大切な話を聞いた後は、必ず「話してくれてありがとう！」という一言を添えることを忘れないようにしましょう。

LESSON 06

子どもの表情や言葉の選び方に気を配る

何気ない会話の中で見せる子どもたちの表情や言葉に敏感になりましょう。特に多感な高学年に対しては必須スキルです。

聞き方の例

「○○について聞いても大丈夫？」

NG！

目的を履き違えてはいけません。あくまでも、子どもたちの学校生活を充実させるために聞きます。聞くこと自体が目的ではありません。

■ プライバシーに配慮する

　高学年ともなれば、「大人が言うから絶対だ」というような低・中学年の発達段階は優に超えており、「教師が言うからその通り」などと思っている子はほとんどいません。だからこそ、子どもたちを個人として尊重しながら接する必要がありますし、彼らのプライバシーについてもより丁寧に配慮していく必要が出てきます。

　このことは、高学年の子どもたちと会話をする際には、たとえ日常会話であっても忘れないようにしましょう。

■ 子どもに選択できる機会を

　また、子どもたちには、「先生はプライバシーを大切にしてくれている」と実感させる必要もあります。そこで、効果的なフレーズが「○○について聞いても大丈夫？」です。この確認の一言があるだけで、「先生は、ちゃんとプライバシーのことも気にかけてくれているんだ」と間違いなく伝わることでしょう。また、実際、その内容については話すかどうかを子ども自身が選択できるようになります。

■ キャリブレーションで気付く力を高める

　大切な話を無理やりに聞き出すことは厳禁です。子どものことを考えずに、ただ聞き出すことを目的にしてしまうと、間違った方向へ進んでしまう可能性が高まります。

　そこで大切なのが、キャリブレーション（P.34 〜 35）です。キャリブレーションの意識を普段からもつことで、教師自身の気付く力を高めることにつながります。気付くことができれば、話を聞く方向性はくっきりと見えてくるのです。

▶ **FOLLOW UP！**

ときには、話す場を変えることも子どもに提案してみましょう。デリケートな話題においては、特にそうした配慮が大切です。

会話に参加していない子の状態確認を忘れない

クラスの子どもたち全員を預かっている担任として、話している子と同時に、話していない子にも気を配ることが必須です。

聞き方の例

「〇〇さん、～～してくれてありがとう！」

〇〇さん、電気消してくれてありがとう！

周囲に集まっていない子への配慮を！

NG！

元気で外向的な子にばかり気をとられてはいけません。目立つことの少ない内向的な子どもにこそしっかりと目を向け、内向的な子どもと外交的な子ども、双方のバランスをとりながら対応していく必要があります。

◼ 内向型と外向型

1クラスにはたくさんのタイプの子どもたちがいます。社会教育家の平光雄先生は、子どもたちのタイプを大きく2つに分けて考えました。「内向型」の子どもと「外向型」の子どもです。もちろん、教師の周りによく集まってくるのは外向型の子どもたち。この子どもたちとはよく会話をすると思いますが、内向的な子どもたちとはどのように関わっていくといいのでしょうか。

◼ 感謝の思いを伝えよう

内向的な子どもたちの傾向として、「自分のことは自分でできる」「こつこつと努力を惜しまない」「あまり人とトラブルにならない」といった面が見られます。つまり、教師と会話をすることがなくても、学校生活を1人で順調にこなしていくことができるのです。それを当たり前として放任していてはいけません。折に触れて、「〇〇さん、〜〜してくれてありがとう」と伝えていきましょう。内向的な子どもに有効なフレーズで、それをきっかけに子どもの声を聞くことができます。

◼ 内向的な子どもの姿にも注目する

こつこつと学習に取り組むだけではなく、係や当番活動をささっとこなしてくれるのも内向的な子どもです。日頃から、学習にこつこつと取り組むことでクラスのレベルを引き上げてくれている姿、当番活動をクラスのために黙々と行ってくれている姿を見逃さず、しっかりと目を向けながら「ありがとう」の言葉をかけ続けていくようにします。教師が気にかけていることが、その子に伝わり、少しずつ信頼関係が築き上げられてくると、何かのときにきちんと話してくれるようになります。

> **FOLLOW UP!**
>
> 内向的な子どものことを把握するためにも、ときには一歩引いてクラスを見る癖をつけていきましょう。

問いかけで安心感と
自己決定を引き出す

子どもたちの声を聞くのに欠かせないスキルが「問いかけ」です。教師であるならば、ぜひ問いかけの腕を磨いていきましょう。

聞き方の例

「今、心配なことはありませんか？」

何気ない問いかけで安心感を！

NG！

教師の思い通りにするような問いかけは危険です。そうした意図があると、間違いなく子どもたちにも察知され、反発されてしまうでしょう。

■ 伝えたいことは間接的に

『ＡさせたいならＢと言え』（明治図書出版、1988年）」という名著を書かれた岩下修先生は、例えば、クラス全体に話を聞いてほしいときには、「静かにしましょう」と直接伝えるのではなく、「おへそをこちらに向けましょう」と指示を出すことで、教師の意図が子どもたちにより伝わると述べています。

つまり、伝えたいことを直接的に伝えるのではなく、間接的に伝えることが大切であり、効果的だということです。

■ Ａさせたいなら「？」を問え

岩下先生の教えをもとに、「Ａさせたいなら『？』を問え」というのが私の考えです。「問い」は脳にとっても大きな効果を示します。「脳は問いを避けることができない」と言われるように、例えば、「昨日の晩ご飯は何を食べましたか？」「これまで読んだ漫画の中で何が一番おすすめですか？」などと問えば、その瞬間からその問いに脳の思考は支配されてしまうということです。要は、問いかけを生み出すことで、子どもたちの声を聞くことができるのです。

■ 聞きたいことを「問い」のかたちに

子どもたちと話をするときには、「心配なことがあったらいつでも言ってね」と言うよりも、「今、心配なことはないかな？」と聞くほうが有効です。また、「勉強をがんばろう」ではなく、「今よりも勉強をがんばるためにはどうすればいい？」と問いかけのかたちに変換することで、子どもたちは考え、自分の言葉で話してくれるようになります。問いかけによって自己決定が促され、安心感や主体性が芽生えてくるのです。

FOLLOW UP !

問いかけに対して子どもが答える空間は、いつも安全・安心な場にしましょう。それが、問いを出す絶対条件です。

LESSON 09 「話してくれてありがとう！」と必ず感謝を伝える

高学年の子どもたちにとって、話すことは、ときにしんどいこともあるかもしれません。だからこそ、感謝を伝えましょう。

聞き方の例

「話してくれてありがとう！」

NG！

うわべだけの感謝は絶対にいけません。子どもに見抜かれるだけではなく、「先生なんて信用できない」とクラスの子どもたちからの信頼はガタ落ちです。

■ 発達段階を考慮

　高学年の子どもたちが教師に胸の内を話してくれることを当たり前と思ってはいけません。低・中学年においては、自分ごとが当たり前だと思っていた子どもたちも、発達に伴って周囲との比較ができるようになってきます。もしかすると、その過程で、「自分なんて……」と劣等感を抱いてしまっていることもあるのです。そうしたことを想像しながら、子どもたちの貴重な声を聞くようにしていきましょう。

■ 心からのリスペクトを

　だからこそ、「話してくれてありがとう」「声を聞かせてくれてありがとう」という感謝の思いが自然に湧き起こるものですし、実際に、その思いを子どもたちに伝えることが大切なのです。もちろん、表面的な感謝では子どもたちにはすぐに見抜かれてしまいます。

　心から子どもたちに感謝の思いを伝えてください。それが、相手へのリスペクトにつながるのです。

■ 話の終わり方も丁寧に

　話の締め方としても、感謝を伝えることは有効な一手です。話の終わりにどのような言葉をかけるかによって、子どもたちが話した後の感触も随分変わってくるからです。感謝の言葉を伝えることによって、子どもたちも「話してよかった」と思えることでしょう。

　そうした感触を子どもたちが得られることが、「また先生に話そう」という気持ちを抱かせ、絆も深まります。いつも、丁寧な話の終わり方を心がけたいものです。

> **FOLLOW UP！**
>
> もちろん、話す前にも話している途中にも感謝を伝えて構いません。感謝を伝えることでより良い雰囲気が生まれます。

LESSON 10

「聞く」でクラスの実態を キャッチする

「聞く」は、最大の情報収集法です。子どもたちから、いつでも
聞きたいことが聞ける関係・環境づくりに力を尽くしましょう。

聞き方の例

「今、どんな感じ？」

子どもたちに状況を教えてもらおう！

NG！

「解決できるのは教師だけ」という思い込みは危険です。こうした思い込
みをなくすことで、子どもたちのもつ能力を信じることができます。

■ 担任だけではすべては把握できない

　友だちのこと、学習状況のこと、行事の進行具合のこと……クラスの担任をしていると、子どもたちのことについて気になることは本当に尽きません。しかし、高学年ともなると、子どもたちのすべてを把握することは難しくなります。それは、学習におけるグループでの活動や行事指導の中でのパート別の取り組みなど、子どもたちが自主的に進める場面が少なくないからです。

■ 「聞ける子ども」を育てていく

　そうした場面の多い高学年においては、教師が話を聞きやすい子どもがいるとクラスの状況を把握しやすくなります。日頃からの会話や関わりを通じて、できる限り、クラスの中に「聞ける子ども」を育てていきましょう。クラス代表などの子どもを頼ることも1つの方法です。

　気軽に聞ける子には、「今、どんな感じ？」と質問していくようにします。心配な友だち関係、行事の進捗具合、さらには学習習熟度など、気になることを気軽に聞ける子どもとつながっておくことが重要です。

■ 子どもの世界の声を聞く

　教師にはどうしても分からない子ども同士の世界があるのは当然のことです。しかし、子どもの声を聞き取っていくことで、子どもの世界からの声や様子を拾うことができます。そして、その情報は1年間の学級づくりにおいて、非常に大切な要素となるのです。

　同時に、クラスのリーダーを育てることにもつながります。聞かれる子は、少なからず、教師からの期待を感じることでしょう。

> **FOLLOW UP！**
>
> いろいろなことを気軽に教えてくれる子どもにも、欠かさず「ありがとう」を伝えていきましょう。信頼関係はどんどん強くなります。

「思春期の悩み」の対応のコツ

　早い子で5年生、そして、6年生で、多くの子どもたちが思春期を迎えます。私たち教師自身も通ってきた道です。

　思春期とは、周囲の影響を受けながら1人の大人として自分を確立する時期です。特に仲間集団の役割は大きく、この時期の仲間関係のトラブルは大きな影響を及ぼします。思春期に見られるさまざまな問題行動に対応するには、子どもにとっての目標と背景要因を理解する必要があると言われています(厚生労働省サイトより)。

　子どもたちは、それまでの幼かった自分から大人の自分へと精神的にも身体的にも変化しようとします。それこそが思春期なのです。つまり、「ただ大人の言うことを理由なく聞いていた」という時期から、「自分は1人の人間なんだ」という変化を成し遂げようとしているわけです。

　厚生労働省のサイトにもあるように、この時期は、特に「仲間集団」の役割が大きくなっていきます。教師や保護者よりも友だちを優先する、自分という存在が友だちの中にいるからこそ確立される、そうした時期を子どもたちは生きるようになっていきます。

　「では、大人は必要ないのか?」というと、もちろんそうではありません。しかし、思春期を乗り越え、大人へと成長していくのは子どもたち自身でしかないのです。だからこそ、何かを教えてくれる大人ではなく、「子どもの声を聞く大人」の存在が必要なのです。

　この時期の子どもたちの声を聞く大人がちゃんと傍らにいるからこそ、子どもたちは自分たちの力で思春期を乗り越えられるのだと、しっかりと頭の中に入れておきましょう。

CHAPTER

4

多感な時期だからこそ丁寧に！

男女別「聞き方」の
ポイント

高学年の子どもたちには、「発達の個人差」が
見られることが少なくありません。
特に男女の心の発達の差は大きいと言えるでしょう。
この点をしっかりとらえて
子どもたちの声を聞いていきましょう。

指導の多い男子だからこそ
しっかり聞き取る

高学年男子のタイプも「外向型」「内向型」の２つのタイプに分けて考えていきましょう。ここでは外向型の男子を押さえます。

■ 外向的な子どもだからこそ

　外向型の子どもは、私自身の経験では男子が多い印象です。この外向型男子は、積極性が強いが故に、授業や学校生活でほめられることが多い半面、授業中に授業とは関係のない別の方向へ進んでしまったり、行き過ぎた行動をとってトラブルを引き起こしてしまったりと、教師から指導される場面も少なくありません。

　そうした外向型の男子だからこそ、日頃から気を付けたいことがあります。元気いっぱいだからと安心して、彼らの内面に何の配慮もしなければ、彼らからの信頼は一気に崩れてしまうからです。

■ 外向的な男子の内面を見る

　「外向型の男子たちとは普段からよく関わっているし、じっくり声を聞かなくても大丈夫だ」と思ってはいないでしょうか。わいわいと勢いで話すことは多いかもしれませんが、じっくりとその子の内面の様子までキャッチできるような話をする機会は案外少ないものです。

　表面上は明るく、わいわいと元気にしていても、内面では、さまざまな葛藤を抱えていることもあります。そんな心の声に意識を向ける必要があります。

■ ときには１対１の時間をつくる

　指導が繰り返されてしまうと、「何で自分ばかり」「怒られてばかりで嫌だな」と不満もたまってくるものです。だからこそ、ときには少し時間をかけて１対１で話をする時間をつくらなければいけないのです。

　そうした際に、「普段から怒ってばかりだけど、本当は○○だと思っているよ」など、その子の良い面を丁寧に伝えていくようにします。また、「先生に伝えたいことはないかな？」と、子どもが本音を言いやすいように聞いていくことも大切です。

ここがPOINT

やんちゃな男子とは特に１対１の関係を！

ADVICE！

たとえ短い時間となってしまっても、１対１の時間をつくるように心がけましょう。その時間が信頼関係の構築につながります。

LESSON 02

とにかく信頼して聞く

外向型の男子には、「主張が強い」などの偏見をもって対応してはいないでしょうか。その無意識には十分気を付けましょう。

聞き方の例

「先生は、あなたのことを信頼しているよ！」

あなたのことを信頼しているよ

うれしいっ！

信頼をきちんと伝える！

NG！

「前も指導したのに～」と過去を振り返ってはいけません。「人は変わることができる」というポジティブなマインドセットが重要です。

■ 自分の中にレッテルはないか

　外向的な男子にはやんちゃな子が多く、どうしても指導を繰り返さなければならない場面があります。そうした場面が積み重なってくると、知らず知らずに「この子は……」とレッテルを貼ってしまうこともあります。

　「自分は大丈夫」と思っている教師ほど、黄色信号かもしれません。まずは、教師としての自分の中にあるレッテルを取り除きましょう。

■ 信頼しているというメッセージを送る

　元気でやんちゃな男子の心の声を聞き取るためには、教師から「あなたのことを信頼しているよ！」というメッセージを伝えてから話を聞いていくことがカギとなります。もしかすると、その子は、高学年になるまでに、繰り返し厳しい指導を受けてきて、「先生（大人）なんて、信用できない」と先入観を抱いているかもしれません。だからこそ、繰り返し「信頼しているよ」のメッセージを送り続けていきます。

■ 指導はきちんと水に流す

　教師のマインドセットとして、「指導したことは水に流す」ことも大切です。もちろん、繰り返し起こしてしまう過ちは、子どもがいけないことだとちゃんと理解できていないことの表れだとも言えます。

　しかし、「指導はここまで」と毎回ごとに区切りをつけていくことのほうが、じつはかえって効果も見いだせるのです。

　教師が子どもたちの声を聞き続けていくことで、どこかのタイミングで子どもは自分から変わっていきます。そのタイミングを、指導しながら信じて待ち続けていきましょう。その子を変えるのはその子自身なのです。そうしたマインドセットをどうか忘れないでください。

▶ FOLLOW UP！

指導をした後には、下校時刻までに、必ずいつもと変わらない言葉かけを心がけます。リセットすることも大切な要素となります。

「驚き」を多めに聞く

外向的な男子は、「話を聞いてほしい！」と思っている子が少なくありません。リアクションをしっかりとることがカギです。

聞き方の例

「えぇっ!! そうなの!? すごいな〜 !!!」

NG!

毎日、話しかけてくる外向的な男子への対応だからといって、気を抜いてはいけません。むしろゆったりと大きく構えて対応するようにしましょう。

■ 「話はしっかり聞く」が原則

外向的な男子の一番の特徴として、教師にも、友だちにも、自分から積極的にどんどん話しかけていくという傾向があります。もちろん、基本的に彼らは、「先生が大好き」「友だちが大好き」という思いも強くもっていますが、同時に、「自分の話を聞いてほしい」という思いも強いものです。

「いつも話をたくさんしてくれるから大丈夫」ではすまさずに、そうした声にこそ注目し、しっかりと耳を傾けていく必要があります。

■ テンション高く聞く

外向的な男子は、いわゆる「テンションが高い」傾向も強くあります。そんな彼らに有効なのが、P.36〜37で紹介した「ペーシング」です。もしも、テンション高く話しかけてきたら、教師もテンション高く返していきましょう。そして、いろいろな話を聞いた後には、「えぇっ!!　そうなの!?　すごいな〜!!!」と大きなリアクションを返すのです。

満足感が満たされると同時に、教師への信頼感も高まっていきます。

■ 外向的な男子の存在がクラスのまとまりを左右する

外向的な男子は、クラスを引っ張ったり、教室の雰囲気をつくったりする大きな力をもっています。逆を言えば、こうした彼らの力が誤った方向へいってしまうと、いわゆる「騒がしい学級崩壊」へと進んでしまいます。そのためにも、常日頃からの信頼づくりが重要なのです。それによって、クラスはより良い方向へと導かれるからです。

力を上手く発揮してもらえるように教師が導きながら、学級づくりのサポート役を担ってもらいましょう。

FOLLOW UP！

たくさん話を聞いた後は、教師からのやってほしいことの「リクエスト」を出すのも効果的です。きっと、快く引き受けてくれるはずです。

指導は 話をすべて聞いてから

外向的な男子が何かトラブルを起こした際の対応には、鉄則があります。それをしっかり押さえた上で指導を進めましょう。

聞き方の例

「まずは、何があったかを教えてください」

NG！

事実を聞いているときに、「なんてことだ！」「許せないことだ！」などと冷静さを欠いてはいけません。そうしたときにこそ、教師が落ち着いて静かに話を聞いていきましょう。

■ 事実と指導は切り離す

　外向的な男子がトラブルなどを起こした際の指導には、鉄則があります。それは、最後まで話を聞いてから指導をすること。もちろん、これはすべての子どもたちがトラブルを起こしてしまった際の鉄則でもありますが、つまり「事実と指導はしっかりと切り離して話を聞く」ということです。この2つを教師が混同したかたちで対応してしまうと、子どもは指導されているのか事実を話せばいいのか混乱し、うまくトラブルを乗り越えられません。

■ まずは事実確認から

　トラブル発生時の聞き取りに、一番効果的で不可欠のフレーズがあります。それは、「まずは、何があったかを教えてください」です。事実の確認を徹底的に行い、「具体的にどういうことが起こったのか」「誰とトラブルになったのか」……そうした事実関係をすべて子どもの口から話してもらうように聞き取っていきます。もしも、指導をしている途中で「でも、○○だった」などと途中で違った事実が挟まると話が混乱してしまいます。事実確認が完了したところで、はじめて指導に着手します。

■ 事実を聞いたら、念を押す

　事実を聞き終えたところで、必ず聞くべきことがあります。それは、「もうすべて話しましたか？」です。念押しして確認することが重要で、前述の通り、後から違った事実が挟まれると、子どもが混乱してしまうことがあるからです。そして、事実をすべて聞き終えたら、「自分のしたことについてどう思いますか」と、子どもの声を引き出すことから始めましょう。いきなり説教をしたり、教師の思いを伝えてはいけません。

> **FOLLOW UP !**
>
> 教師の思いを伝えるときには、「I（アイ）メッセージ」にして伝えましょう。「先生自身はこう思います」という伝え方が心に響きます。

クスッと笑える
ツッコミを添える

やんちゃ男子は、楽しいことが大好きです。爆笑をとる必要はありませんが、クスッと笑えるツッコミの一言で効果が倍増します。

聞き方の例

「ほんまかいな !?」「なんでやねん !?」

NG !

教師の独りよがりの笑いは逆効果です。あくまでも相手を見て一言添えるようにしましょう。相手のキャラクターに合わない笑いは厳禁です。

■ 明るい先生が子どもは大好き

外向的な子の特徴には、「楽しいことが大好き」ということも挙げられます。彼らは、高学年になっても一緒になって外で遊んでくれる元気で明るい教師を慕い、信頼を寄せていきます。

だからこそ、「楽しい先生」「明るい先生」というイメージを、教師のほうからしっかりと伝えていくようにしましょう。そうした積み重ねが、子どもと教師とのつながりを一層強固なものにしていきます。

■ 小さな笑いをちょこっと入れる

こうした子どもたちの話を聞きながら、ときにはクスッと笑える一言を添えていくのが子どもとの距離を縮める秘訣です。

具体的にどういった言葉やフレーズがいいのかは、ぜひお笑い芸人さんの動画などを見て研究してみてください。もちろん、立場は「教師」ですから、お笑い芸人とまったく同じことを言う必要はありません。逆にあからさまになると、言葉だけが独り歩きしてしまいます。しかし、小さなヒントとして、笑いの達人からも技を学んでみましょう。

■ 子どもの話にツッコミを

一言でクスッと笑いをとるためには、子どもの話をじっくりと聞くことです。実際、子どもたちの話を聞いていると、「なんやそれ〜！（笑）」と大きくツッコミを入れたくなるような話がたくさんあります。それを耳にしたタイミングで、間髪を容れずツッコミを入れていきましょう。その場にパッと笑いが広がり、元気がみるみるあふれていきます。

定番フレーズではありますが、「なんやそれ!?」「ほんまかいな!?」「なんでやねん!?」の3つはおすすめです（笑）。

> **FOLLOW UP !**
>
> ツッコミと言うと関西弁が分かりやすいでしょう。子どもたちの食いつきもよく、関西圏以外でも関西弁を少し取り入れてみてください。

成長が早い女子の指導は とにかく丁寧に聞く

高学年女子に対するアプローチは、特にこまやかな対応が求められます。ここでしっかりとコツを押さえましょう。

■ 子どものタイプに合ったアプローチを

　ここまで度々述べてきた「内向型」と「外向型」の子どものタイプ。本項では、内向的な女子に目を向けていきましょう。私自身の経験からも、内向的なタイプはどちらかというと女子に多い傾向があります（もちろん、当然、それがすべてではありませんが）。

　内向的な女子へのアプローチは、外向的な子どもたちへのアプローチとは大きく異なります。まずは、そのことをしっかりと念頭に置かなければなりません。

■ 精神的な発達が早い

　彼女たちの特徴は、精神的な年齢が高い傾向があります。これは、科学的な根拠から男女の発育を比較した場合にも、女子のほうが発育が早いといわれることにも関係していると言えるでしょう。だからこそ、より丁寧に話を聞きながら、指導や対応にも配慮する必要があるのです。

　特に頭ごなしに指導するなどはもっとも避けたいところですので、そうしたことを踏まえながら具体的なアプローチを考えていきましょう。

■ 全体の前で取り上げる際にも配慮を

　クラス全体の前で、話題にされたり、ほめられたりすることに躊躇する傾向も強いのが彼女たちの特徴です。実際に、『先生、どうか皆の前でほめないで下さい——いい子症候群の若者たち』（金間大介 著、東洋経済新報社、2022年）という書籍にもあるように、目立ちたくないと思っている子どもは多くいます。

　教師が独りよがりに安易にみんなの前で取り上げるようなことには、注意が必要です。もちろん、その子自身に承諾をとった上で、良いところはどんどんクラス全体に紹介していきましょう。

ここがPOINT

ADVICE！

着実に大人へと近づいている子どもたちです。1人の人間として丁寧に話を聞くことが大切です。そうした意識を常にもちましょう。

LESSON 07
時間がかかっても しっかり聞く

内向型の女子たちは、じっくりと話をしたがるケースが少なくありません。教師も時間をかけてじっくり話を聞きましょう。

聞き方の例

「どれだけでも話を聞くよ。たくさん話していいよ」

NG！

話をしたからといって、すぐに成果を求めないようにしましょう。成果を求める意識があると、理解を深めながらうまく話を聞くことはできません。

■ オートクラインを意識する

　高学年女子の悩みの特徴として、「友だち関係」が挙げられます。教師に相談しようものの、彼女たち自身がどうすればいいのか踏ん切りがつかないため、話が堂々巡りになってしまうこともよくあります。それでも、まずはじっくりと丁寧に話を聞くことを心がけましょう。話している途中にオートクライン効果（P.24 〜 25）が発生し、自分たち自身で情報や気持ちの整理が促されていきます。

■ 彼女たちが求めていること

　もしも、高学年女子が友だち関係で悩んでいるところに遭遇したら、教師はとにかくじっくりと聞き役に徹するのが大原則です。彼女たちが求めていることは、「話を聞いてほしい」ということ。そして、「自分たちの力で解決したい」ということです。決して、教師に答えを求めているわけではありません。

　教師は忠実な「壁打ち相手」として、会話を受け止めていく必要があります。ボールを何度も壁に当てていくイメージで話を聞いていきましょう。

■ 話す時間は子どもにとっても大切な時間

　所属校を転任する際、高校生になった卒業生が挨拶に来てくれました。その際に手紙をもらったのですが、「話を何度も聞いてくれてありがたかった」と書かれていました。当時も、私は決して答えを出すかたちで彼女と話をしていたわけではなかったと思い出されます。また、たとえ何度話をしても解決策をひねり出すようなこともなかったように思います。それでもその子にとっては大切な時間になっていたようです。

　時間はかかりますが、ぜひともじっくりと話を聞いていきましょう。

FOLLOW UP !

たっぷり話を聞いた後は、教師自身も誰かにたっぷりと話を聞いてもらってください。教師のエネルギー充電は不可欠です。

LESSON 08 言っていることが間違っていても最後まで聞く

話を聞いていると、ときには間違っていると思うこともあります。それでも、いったん最後まで聞きましょう。

聞き方の例

「最後まで話を聞かせて！」

NG!

先入観をもって話を聞いてはいけません。彼女たちの話は、できる限りフラットな状態で聞くことが信頼を築いていく上でも大切です。

■ まずは最後まで聞く

　高学年女子が友だち同士でトラブルを起こしてしまったり、何か過ち
を犯してしまった場合には、感情が高ぶり、冷静な判断ができない状態
にあります。また、間違った価値観をもってしまっているからこそ、ト
ラブルを起こした可能性もあります。そうした話を聞いていると、つい
「それ間違っているよ」と口を出したくなるところですが、グッとこらえ
て、まずは最後まで子どもたちの話を聞くことに徹します。

■ 話し終わった後の問いかけで気付きを引き出す

　まずは話を最後まで聞く理由は、前述の通り、オートクライン（P.24
〜25）の効果を引き出すことによります。子どもたちは、トラブルが
起きた状況やそのときの感情を、話をすることによって整理できるので
す。そのため、すべてを話し終えてから「あっ、ここは良くなかった」と
気が付くこともしばしばです。

　話を聞き終わったところで、「ここまで話してみて、自分がまずかっ
たなと思うことは？」と問いかけてみましょう。自分で良くなかったと
思うことに気が付き、修正する気持ちが芽生えます。

■ 話を聞く時間は気付きを待つ時間

　だからこそ、子どもたちが間違ったことを言っていたとしても、最後
まで聞く必要があるのです。教師が子どもたちの意見を聞いている時間
は、子どもたちが自分自身の間違いに気が付くための時間であると言っ
ても過言ではありません。

　基本的に子どもたちは、自分の間違いを自分で気が付く力をもってい
ます。それを前提に、彼女たちと向き合っていきましょう。

> **FOLLOW UP！**
>
> 教師の思いや考えを伝えるのも、もちろんＯＫです。ただし、それも
> 子どもたちの意見を最後まで聞いてからにしましょう。

LESSON 09

「問いかけ」で
本音を聞き出す

子どもは自分の課題を自分で乗り越える力をもっています。高学年女子となると尚更です。本音を引き出す際もそれが前提です。

聞き方の例

「どうしたい？」

問いかけが**本音を引き出す！**

NG！

教師が出過ぎてはいけません。子どもたちにとって、教師からの背中の一押しが必要な場面もありますが、その加減に気を配りましょう。

■ 自分の問題は自分で解決

　友だちとトラブルになり、解決までに長い時間がかかっているとき、どうしても教師のほうから「こうしてみなさい」と答えを言いたくなってしまうものです。彼女たち自身も答えに迷っていることもあるため、ときにはそのような方法が良い結果をもたらすことがあるかもしれませんが、自分の問題を自分で解決する力をつけているとは言えません。

　やはり、自分の問題は自分自身で解決するべきなのです。

■ 「どうしたい？」で本音を引き出す

　そうした際に活用できる問いかけが、「どうしたい？」です。最後まで話を聞いた後に、子どもたちにこの言葉を投げかけると、多くの場合、本音が引き出されます。「本当は仲良くしたい」「自分から謝りたい」などと、それまで言いたくても言えなかった気持ちが聞かれることがほとんどです。

　これは、話を聞いてもらったというプロセスがあるからこそです。

■ 本音が出ないときには

　しかし、「どうしたい？」と聞いても、まだ本音が出てこなかったり、思っていることを伝え切れていないような状況もときにはあります。そうした際の教師の対応として望ましいのは、次の2つの方法です。

　1つは、「まだまだ話を聞く時間が足りない」というとき。日を改めてでも、子どもたちから話を聞き取る時間をしっかりと設定します。もう1つは、「本当は仲直りしたいけれど……」というように背中の後押しを求めているときです。「先生も一緒に話をするよ」などと伝えて、力強く助け舟を出していくようにしましょう。

> **FOLLOW UP！**
>
> 高学年女子の背中を押す際には、「気持ち、分かるよ」などと共感の姿勢をしっかりと示してあげるようにしましょう。

LESSON 10

「聞く」で安心と信頼を実感させる

話を最後まで聞いた後も、引き続き「聞く」のスタンスをとりましょう。その姿勢によって、信頼は揺るぎないものになります。

聞き方の例

「またいつでも聞くよ！」

NG！

最後の場面で、ふと疲れなどを見せるのは厳禁です。気持ちは分かりますが、せっかく時間をかけて話をしたことがすべて水の泡となります。

■ 子ども自身も恐縮している

　高学年女子と長い時間話し込んだ後は、正直なところ、いくらタフな教師でも、本音では「やれやれ」と思ってしまうこともあるでしょう。やるべきことが山積するばかりの多忙な毎日ですから、本当は取り組みたい業務があるかもしれません。あるいは、今日こそはと、ちょっといつもよりも早く帰ろうと調整していたかもしれません。そうした事情があっても、話の最後の最後において、締めの言葉を忘れないようにしたいものです。子どもたち自身も、きっと「こんなに話して良かったのかな～」と恐縮していたり、後ろめたくなっているかもしれません。

■ 教師から先手を打つ

　子ども自身が、教師の時間をとって申し訳なく思っている表情を見せていたら（見せていなくても）、ぜひとも教師から先手を打ちましょう。つまり、積極的な姿勢を見せることです。具体的には、「またいつでも話を聞くよ！」という言葉を子どもたちに贈ってあげてください。

　その言葉を聞くと、子どもたちもほっと安心することでしょう。「また何かあっても大丈夫」と未来への安心も同時にもつことができます。

■ 話の場を通じて信頼関係をつくる

　「話をする」という機会は、子どもたちの問題を解決する時間でもありますが、同時に、教師と子どもの信頼関係をつくる時間でもあるのです。話の最後の最後に言葉を贈ることで、子どもたちは教師のことを心から信頼するようになります。心からの信頼が生まれれば、教師自身も明日からの学級経営について随分安心できるはずです。時間はかかりますが、子どもたちの話を最後まで聞いていきましょう。

> **FOLLOW UP！**
>
> 話をした翌日も、子どもたちの様子をしっかり見るようにしましょう。
> 必要に応じて、フォローの言葉かけも忘れずに。

「反抗期の悩み」の対応のコツ

　高学年の子どもたちは、「第2次反抗期」を迎える時期でもあります。高学年の担任であれば、思春期と同じく「反抗期」についてもしっかりと理解しておきたいものです。

　まずは、反抗期とは何かを押さえましょう。静岡大学の古見文一先生は、次のように言います。

　「反抗期には、小学校高学年から中学生頃に生じる第二次性徴によって、心理的に不安定になり、親や教師、社会に対して反抗的な態度に出る」

　そして、「第2次反抗期の子どもの特徴と関わりで大切なこと」として、周囲の大人が関わるポイントに以下の5点を掲げています。

- ・反抗の様式（例：暴力、口答え）は、その子ども・状況により異なる
- ・反抗には、その大人との関係性や他の状況（学校・家庭など）が関連する
- ・反抗は、大人からの心理的自立に向かう一過程である
- ・葛藤状況にあるということを理解しつつ、ほどよい距離感を保つ（例：根掘り葉掘り聞かない、子どものほうから話すのを待つ）
- ・ただし、してはいけないこと（例：犯罪につながる恐れのある非行）については、はっきりと制止する

　この古見先生のポイントを見ても、「聞く」ことが重要であり前提であることが見えてきます。子どもたちには個人差があるということ、さらには反抗期といえども、周囲の大人との関係性で変化するということ、そして、ほどよい距離感を保ちつつ「何かあったらいつでも聞くよ」というスタンスをもち続けることが重要です。

　反抗期の子どもであっても、「その子自身は伸びる力をもっている」という前提で、子どもたちと接するようにしていきましょう。

CHAPTER

5

学習意欲がどんどん高まる！

授業づくりの「聞く」スキル

授業場面こそ、子どもたちの声を「聞く」を
最大限に発揮させましょう。
そのためにも、子どもたちが主体的に学ぶ学習へと
転換させていくことがカギとなります。

「聞く」で
授業を組み立てる

子どもの話を聞くのは、休み時間だけではありません。普段の授業でも丁寧に声を聞くことで、より良い授業を生み出せます。

■ 子どもの声で授業づくりを

授業中、よく聞こえるのは、子どもたちの声ですか。それとも、教師の声ですか。もしも、授業の始まりから終わりまで、ずっと教師の声ばかりであるならば、子どもたちの主体的な学びが実現できているとは言えないでしょう。授業で力をつけるべきなのは子どもたちであり、子どもたちが主体的に学びをつくっていくことが授業の必須条件なのです。

そのためには、まず、授業で子どもたちの声を引き出すための仕掛けづくりに教師が力を尽くすことが重要です。

■ 教材との出会いの声を大切に

では、授業の中で子どもたちの声を引き出し、活かしていくには、どうすればいいのでしょうか。それは、教材と子どもの「出会いの声」を表出させるということです。

どんな教科であれ、教科書を含めた教材が授業では活用されています。だからこそ、授業が、「教材との出会い」によって生まれてくる子どもたちの最初の声を表出させないまま流れていっては、それは非常にもったいないことなのです。

■ チャンクダウンとスライドアウトを活用する

　教材と出会ったときの最初の子どもの声を表出させたり、子どもの声を活かして学習を深めたりするには、どうしても教師の授業スキルが必要となります。なかでも、もっとも活用することになるのがチャンクダウン（P.50〜51）とスライドアウト（P.52〜53）です。

　この2つを教師が授業の中で効果的に駆使することで、これまでの授業では実現できなかった、子どもたちの声を活かした深い学びへとレベルアップさせていくことができます。

ここがPOINT

チャンクダウンとスライドアウトを使いこなす

ADVICE！

子どもたちの声を活かすためには、教師が教材をどのように読んでいるかが重要です。教師自身が教材と深く向き合うことです。

LESSON 02

「聞く」で
本時の内容を押さえる

教材との出会いの声をうまく活かすことで、自然に授業のねらいに近づくことができます。さまざまな活用法を駆使しましょう。

聞き方の例

「どのような〜」

「どのような〜」が子どもの意見を引き出す！

NG！

授業の導入で教師ばかりが話していては、子どもたちの声を活かす授業はつくれないでしょう。導入で子どもたちの声をしっかり聞くと、子どもたちの集中の度合いも違ってきます。

■ 導入ですべてが決まる

　授業にどのように入るかによって、子どもたちの声を活かして進める授業か、そうでない授業となるかが分かれます。導入でうまく子どもたちの声を引き出すことができれば、その1時限はずっと子どもたちの声を大切にしながら授業を進めることができるからです。

　導入の段階で、いかに子どもの声を引き出せるかが教師の腕の見せどころであり、学習成果へとつなげる大きなポイントなのです。

■ 「知的な声」を引き出す工夫を

　導入の段階で子どもの声を引き出す効果的な方法として、大きく2つが挙げられます。1つは、教材をうまく活かす方法です。例えば、国語科では「題名読み」という方法がありますが、これから学ぶ話の題名を紹介し「どのようなお話だと思いますか？」と、題名をもとに話の内容を考えさせていきます。子どもの思考のスイッチも入りやすく、気軽に声を出させやすいでしょう。このような仕掛けを取り入れることで、子どもたちの知的な声を授業の冒頭から活かしていくことができます。

■ 学習のタイトルを活用する

　2つめは、その学習のタイトルを活用する方法です。例えば、算数科で「位置の表し方」という学習に取り組むとします。はじめに「位置とは何ですか？」と聞くと、子どもたちは「自分がどこにいるのかを表すもの」などと答えるでしょう。そこですかさず、「では、それは、どのような方法で表すのでしょうか？」と聞くようにするのです。「横がいくつで、縦がいくつかを見れば……」などという声が挙がればしめたものです。そのまま本時の見通しや内容に入ることができます。

▶ FOLLOW UP !

導入の子どもたちの声は、どんな意見であっても大切に扱いましょう。すべての意見を受け止めることから授業を始めます。

LESSON 03
「聞く」で学習状況を把握する

「聞く」スキルがあれば、さまざまな目的を果たすことができます。その1つが、子どもの声から学習状況を把握することです。

聞き方の例

「○○について、どんなことを知っていますか?」

NG!

子どもたちの学習状況を頭に入れずに授業をすることは、もってのほかです。何の病気か分からずに薬を処方することと同じで、非常に無意味です。

■ 診断的評価をしよう

　昨今、授業では「アセスメント」が重要であると言われています。少し専門的な言葉で表現すると、「診断的評価」となります。

　これから学習しようとする内容について、子どもたちはどのようなことを知っていたり、できたりしているのか。逆に、どういったことを知らなかったり、どういったことができなかったりするのか。そうした状況を事前に教師がしっかりとつかんでおくことがとても大切です。

■ 診断的評価につながる発問

　では、授業では、具体的にどのようにして診断的評価をしていけばいいのでしょうか。一般的には、学習前に子どもたちの状況を知るための「レディネステスト」などが推奨されていますが、これは時間的にも作業的にもすべての学習で実施することは現実的ではないでしょう。それよりも、今から学習する内容について、「○○について、どんなことを知っていますか？」と問うようにするのです。それによって子どもたちから出てくる声は「知っていること」であり、出てこないことは「知らないこと」となります。

■ 学習内容の肝をダイレクトに聞く

　子どもたちから「知っていること」の声をたくさん引き出すためには、例えば、「逆上がりのコツは何ですか？」「説明文で筆者が使っている書き方の工夫は何ですか？」「天気について、どんなことを知っていますか？」というように、これから学ぶ学習内容をそのままぶつけてみるのが効果的です。それが、そのまま診断的評価へとつながっていくのです。

FOLLOW UP !

教師の教材研究が子どもたちの声を聞く精度を高めます。「教材研究は子どもたちの声を聞くために」ということも押さえておきましょう。

「聞く」で 学びの整理をする

「聞く」は、学びの整理にも役立てることができます。子どもたちに聞くことで、学習したことの確認・整理を促しましょう。

聞き方の例

「ここまでで、どんなことが分かりましたか？」

NG！

学びの振り返りを疎かにしてはいけません。それなしに、授業を積み重ねていったところで、穴の開いたバケツに水を入れるようなものです。振り返りを意識して授業を進めていきましょう。

■ 情報収集の後には整理を

　人は、たくさんの情報を収集した後、つまり、授業で言えば、いろいろなことを思考したり知識を得たりした後には、情報を整理する必要があります。「自分はどんなことを学んだのか」「どんなことができるようになったのか」をまとめていくことで、学習したことの定着をはかり、次の学びへとつなげていくことができます。

　昨今は「振り返り」の重要性も指摘されています。それも、子どもたちの声を聞くことで実施することが可能です。

■ 学びを整理する発問

　では、どのような問いかけをすれば、子どもたちの学びの整理につなげることができるのでしょうか。それは、「ここまでで、どんなことが分かりましたか？」と問うことです。

　教科書にまとめが掲載されていても、毎回欠かさずに子どもたち自身の言葉で整理させることが大切です。自分の言葉で記したり発したりするからこそ、自分のものとして深めていくことができるのです。

■ 「コツ」や「疑問」を聞いてみる

　また、計算や運動など技能系の学習をした後には、「○○のコツは何ですか？」という問いも有効です。子どもたちは、「○○すればできるようになる！」と自分で会得したことを自分の言葉で表現することによって、スキルやコツを定着させていきます。

　さらに、社会科などでは、「ここまで学んで、まだ分からないことは何ですか？」と聞くことで、新たな疑問をもたせることができます。疑問との出会いにより、調べ学習へとつながっていくでしょう。

FOLLOW UP！

振り返りは、ノートなどに書かせても、声で表現させてもどちらでもOKです。良い振り返りは、クラス全体の前でぜひ紹介しましょう。

「聞く」ことで「聞き上手」な子どもが育つ

教師の「聞く」姿勢が上手だと、それはそのまま子どもたちに伝播します。時間をかけて聞き上手を育てていきましょう。

聞き方の例

「みんな、聞き方が上手になったね！」

NG！

なんとなくでは聞き上手は育ちません。最初は特に、毎日、「聞く」を意識し続けることです。いずれ無意識でもできるようになるので、それまで意識を強くもたせるような言葉かけをしていきましょう。

■ 担任教師があたえる影響力

　小学校の学級担任という仕事の特徴は、何と言っても子どもたちと過ごす時間が長いことです。教科担任制を実施している学校でも、やはり担任の影響力は強く、子どもたちの生涯にわたるほど教師の印象は残るものです。

　教師の考えをはじめ、話し方や発問などからも、子どもたちには影響していきます。当然、教師の「聞き方」も子どもたちにあたえる影響は少なくないでしょう。

■ 3つのスキルを教える

　子どもたちに、直接、聞き方のスキルを伝えることは有効です。特に、「視線」「頷き」「相槌」などのスキルは、その後の人間関係を築いていく上でも、かけがえのない力となっていくでしょう。

　この3つを丁寧に指導していくことで、クラスは「聞こう」という雰囲気を大きく生み出すことができます。「まずは形から」ではありませんが、教師が身をもって聞く姿勢を教えることも重要です。

■ 教師がまさにロールモデル

　このとき、何が一番の「聞き方」の教材になるかというと、それは担任の姿にほかなりません。子どもたちに「視線」「頷き」「相槌」を教えている一方で、教師自身ができていなければ、高学年の子どもたちへの説得力はほとんどなくなってしまいます。

　また、日頃から教師がそうした姿を根気よく見せていくことで、それがそのまま、良いモデルとなるのです。日々、子どもたちと接するとき、そうした意識をもち続けていきましょう。

◀ FOLLOW UP!

> ときには、「先生の聞き方はどうかな？」と子どもたちに聞いてもいいでしょう。これまでの学びを活かし、教師の聞き方を分析します。

子どもに「自ら聞く」を
身につけさせる

聞く力を高めるのは、教師だけではありません。特に授業中は、子どもたちの聞く力の底上げを意識していきましょう。

聞き方の例

「自分の課題を解決するために聞きに行きましょう！」

NG！

子どもたちの力を伸ばそうと、教師が焦ってはいけません。「人の話を聞く力」は一朝一夕で身につかないものです。根気よく取り組むようにしましょう。

■ 聞き耳アンテナを張る

「授業中は人の話を聞きましょう」は、当たり前のようにこれまでも使われてきたフレーズです。それは、自分の聞き耳アンテナを立てて情報をキャッチしようとする姿勢がとても大切だからです。

授業中にいつもボーっとしているのと、能動的に人の話に耳に傾けるのとでは、同じ45分間でも大きな差が生まれます。そして、その差が毎時間ごとに積み重なれば、1年後にはちょっとやそっとでは取り戻せない膨大な時間差となってしまうことを子どもたちに伝え、その力の大切さを理解させていくようにしましょう。

■ 自ら情報を取りに行かせる

同時に、現在の学習指導要領においては、子どもたちに求められるレベルが上がり、「教えられて（待って）情報を得る」だけではなく、「自ら情報を取りに行く」力が求められています。つまり「自分1人の力で解決できないときには、人から情報をもらいに行く」ということが当たり前にできるようにならなければいけないのです。

■ 他者の力を活用する力

OECD（経済協力開発機構）は、教育の未来に向けての望ましい未来像を描いた進化し続ける学習の枠組みとして、2019年に「ラーニングコンパス（学びの羅針盤）2030」を示しました。そこでは「生徒エージェンシー」が盛り込まれ、自分自身で問題を解決する力と、他者と協働して問題解決する力が強調されています。ここで大切なのは、他者と協働できる力、つまり、友だちの力に頼れることであり、その点を意識しながら教師は子どもの聞く力のレベルアップをはからなければなりません。

> **FOLLOW UP !**
>
> 自ら聞く力は日々の授業の中で1つ1つ積み上げていくものです。毎日少しずつ力をつけていくイメージで聞く姿勢を育てていきましょう。

「聞き合う」で
学びをレベルアップさせる

「聞き合う」ことのできる学習集団は、間違いなく学びのレベルが上がっていきます。「聞き合う」集団をつくりましょう。

聞き方の例

「○○さんの意見をどう思いますか?」

「聞き合う」がクラスのレベルを高める!

NG!

「聞くのが当たり前」としてはいけません。「聞けることはすごいことである」という意識を子どもたちにもたせていきましょう。

■ 聞き合いで磨き合える集団に

「聞き合える集団」は、間違いなく学習のレベルを向上させることができます。自分以外の考えはもちろん、分からないことなどを聞き合うことができれば、学習に集中力が生まれ、聞き合うことによって「磨き合い」が生まれます。つまり、授業に積極性と緊張感を生み出すことができるのです。

そのような学習集団にするためには、「聞き合い」を高めるための手立てが必要です。

■ 聞き合いタイムをつくる

「聞き合い」を高めるためには、具体的にどうすればいいのでしょうか。1つは「自分から解決のために動いて聞きに行く」という時間を意図してつくることです。前項で述べた「自ら情報を取りに行く」にもつながりますが、情報を自分から取りに行く時間を授業の中に設定していくことです。計算が1人で解決できない、問題に対する意見が自分1人ではまとまらないなど、そんな様子が子どもから見られたら、すぐにも「聞き合い」の時間を設けましょう。

■ 子どもの意見を活かす

もう1つは、「今の○○さんの意見についてどう思いますか？」と教師が聞いて、子どもたちにそれについて考えさせる時間をとる方法です。そのほかにも、「今の○○さんの意見に賛成ですか？ 反対ですか？」「○○さんの意見に対して、自分自身はどう思いますか？」など、1人1人の子どもたちの意見を学習の中に活かすようにしていくのです。それを授業の中心に組み込み、どんどん思考を深めさせてください。

FOLLOW UP！

自ら聞きに行く姿を見たら、しっかりと認めて、ほめていきましょう。聞きに行くことは、子どもたちにとってとても勇気のいることです。

【国語科】「導入の聞く」で学習課題を立てさせる

どんな教科でも「導入」がとても肝心です。この導入部分で、いかに子どもの声を聞けるかによって学習の深まりが違ってきます。

聞き方の例

「どんな感想をもちましたか？」

NG！

「そういう疑問は良くない……」などと、絶対に子どもたちの意見をジャッジしないことです。1つ1つに価値付けしていくようにしましょう。

■ 「初発の感想」の活かし方

　国語科の授業で、もっとも人気のある学習素材は物語文でしょう。導入時に子どもたちに書いてもらう、「初発の感想」こそ、子どもたちの声にほかなりません。この初発の感想をどのように活かすかで、その後の授業の流れが決まると言っても過言ではないでしょう。子どもたちが物語文と出会って、最初に「不思議に思ったこと」や「心が動いたところ」を書き表すことができるように指導します。これらを分析すると、その単元で学習すべき学習内容が示されているものです。子どもたちからどんどん聞き取り、次の授業展開へと活用していきましょう。

■ 子どもたちの感想・疑問を学習課題に

　感想・疑問を聞くと、文章に対するさまざまな見方が生まれ、おもしろい意見がたくさん挙がってきます。その上で、「どんなことを深く学びたいですか?」と問えば、物語の学習内容を深く学ぶための学習課題が子どもたちから出てくるでしょう。このように「自分たちの学習課題を自分たちでつくっていく」という感覚を子どもたちに意識付けます。これを2回、3回と繰り返すことで、子どもたちは力をつけていきます。

■ 全体に盛り込めない場合は

　子どもたち自身が生み出した感想や疑問をもとに学習計画を組み立てる際、どの意見を採用するのかは、教科書の手引きを参考にします。学習計画に盛り込まれない疑問については、ぜひ「自主学習」へとつなげていきましょう。授業中にみんなで学び合ったことをもとに、自分の学習へとつなげていくなど、協働的な学びと合わせて主体的な取り組みも積み重ねていくことで、学習効果はグッと高まります。

> **FOLLOW UP !**
>
> 導入段階で子どもたちの意見を活用するかどうかがポイントです。丁寧に子どもたちの意見を集約するようにしましょう。

【算数科】「導入の聞く」で学習の見通しをもたせる

算数科でも、授業の導入で子どもの声を聞くことは大切です。導入での声を丁寧に引き出すことで、学習に主体性が生まれます。

> **聞き方の例**

「『速さ』って何ですか？」

> **NG！**

導入を焦ってしまうと、子どもたちの主体的な学習につなげることができなくなってしまいます。とにかく丁寧に聞いていきましょう。

■ かみ砕く時間をとる

　高学年の算数科は、抽象的な概念が多く存在します。例えば、「単位量当たりの大きさ」「比例」「速さ」などです。これらは、中学生以上であれば違和感なく受け入れられますが、高学年には、しっかりと「かみ砕く」時間が必要です。このかみ砕く時間こそが、対話の時間です。導入では、教師が焦らずに、子どもたちの学習課題との出会いの意見を引き出すように心がけましょう。

■ かみ砕くには対話が必要

　では、かみ砕く時間をどのようにとるといいのでしょうか。勘違いしやすいのが、教師が説明してしまうことです。子どもたちは、いくら教師の説明を受けても自分の中に取り入れることはできません。そうではなく、子どもたちが主体となって対話する時間を設け、その中でかみ砕かせていくことが大切なのです。

　子どもたちが「この問題はどのような意味なのか？」と疑問を抱くことそのものが、かみ砕くこととなります。

■ 「○○って何？」

　そのためには、「○○って何？」を駆使していきましょう。具体的には、「速さって何？」と教師が聞けば、子どもたちは、普段使っている「速いってどういうことか」に思考を向けます。また、「単位量当たりの大きさって何だろう？」と聞けば、言葉の意味から学習内容の見通しをもつことができます。このように「○○って何？」という言葉を単元の導入では特に意識して使っていきましょう。子どもたちは学習の本質を考えることができます。

> **FOLLOW UP !**
>
> 問いを出した後は、ペアトークやグループトークをさせるなど、話し合う時間を設けます。この話し合いも、かみ砕く時間となります。

LESSON 10

【理科・社会科】「導入の聞く」でめあてをつかませる

理科・社会科では、ダイナミックな授業づくりを意識しましょう。
どんどん子どもの意見を聞き取り、めあてをつかませます。

聞き方の例

「気が付いたことや？(はてな)と思うことは何ですか？」

NG！

「時間がないから……」と子どもの声が聞けないような授業構成にはしない
ように気を付けましょう。考えを聞く時間を必ず確保するようにします。

■ 子どもの声を引き出してダイナミックに

　理科・社会科は、ダイナミックな授業構成がとりやすい教科です。それは、他教科に比べ、自分たちで調べたり試したりすることが圧倒的に多いからです。ただし、それは「子どもの声を聞く」という条件が必須です。

　特に導入では、「子どもたちから感想・疑問を引き出す」「子どもの発想を活かす」を積極的に行います。だからこそ、学習活動がどんどんダイナミックになっていくのです。決して教師から投げかけるのではなく、子どもたちの声を聞きながら、思考のうねりをつくっていくのが重要です。

■ 教科の本質をとらえる

　理科・社会科には、それぞれの教科としての「本質」があります。具体的には、理科は「実験・観察」、社会科は「資料」に本質をとらえるヒントがあると私自身は考えています。どちらの教科も、それらを軸にすることで教科の本質が見えてきます。

　その本質を教師自身が導入段階からしっかりと意識し、子どもの声を引き出すことで、教科の本質を突いた意見につなげることができます。

■ 導入ページの写真を活かす

　教科の本質をとらえるための子どもたちの声を、実際にどのようにして引き出していくのかというと、それはやはり「導入」の段階が重要であると言えるでしょう。理科や社会科の教科書は、単元の導入ページのほとんどにおいて、大きく見開きで写真などが掲載されています。これをぜひともうまく活用していきましょう。写真を見せて、「気が付いたことや疑問に思うことは何ですか？」と問うのです。このフレーズを聞いた途端、子どもの思考にパッとスイッチが入ります。

FOLLOW UP！

特に理科では、観察や実験の場面が多くありますので、実物での体験を通して生き生きとした声を存分に出させていくようにしましょう。

どうする？　ジェンダー教育&性教育

　昨今、ジェンダー教育や性教育の重要性が問われています。特に、ジェンダーについては、SDGsとの関わりからもずいぶんと社会の見識が広まってきていますし、性については情報化社会を迎えてから、子どもたちがどのタイミングで性的な情報と出会うか予測ができない状況となってきています。

　思春期や反抗期を迎える子どもたちにとって、健全な発達を進めていくためにも、ジェンダーや性については、重要な要素となるものです。そのことをしっかりと認識し、教育者として、情報収集や見識を高めていきたいものです。

　思春期や反抗期を迎えた子どもたちは、「自我」を芽生えさせていきます。つまり、「自分を自分でとらえ直す」という時期に入っていくのです。改めて「自分とは何者か？」ということと向き合っていくわけですが、その過程の中で、ジェンダーや性についても十分に向き合っていくことになるのです。

　しかし、これらの事柄は、ナイーブで繊細な局面が多々あり、いくら信頼のある大人であっても簡単には相談することはできません。また、仲間意識が高まっている時期とはいえ、よほどの関係性ができていなければ、同じく悩みを打ち明けるのは難しいでしょう。

　読者の先生方の学校でも、ジェンダー教育や性教育を実施していることと思います。正しい知識を伝えていくことはもちろん大切なことです。合わせて大切なことは、「その後に悩みを打ち明けることができる」関係性のある大人が存在するかどうかでしょう。

　そのためには、普段から「聞く」ということを丁寧に行い、本当の意味での信頼関係を構築することです。「言いにくいことも聞いてくれる大人がいる」ことが子どもたちを安心させ、救うことにつながります。もし、そのような関係をつくることができなかったとしても、「聞こうとする大人」であり続けることが何よりも大切だと私は考えています。

CHAPTER

6

トラブルがあってもスッキリ解決！

クラスの結束力が グッと高まる 「聞く」スキル

子どもたちは、自分たちの課題を
自分たちで乗り越える力をもっています。
その力を引き出すためにも、
教師の「聞く」スキルが欠かせません。

LESSON 01

問題は子どもたちで
乗り越えさせる

日々の学校生活において、問題の発生は日常茶飯事です。問題
は厄介なことではなく、子どもの成長の場面ととらえましょう。

■ 「トラブルがない」のがいいのではない

　「トラブルのないクラスは良いクラス」という思い込みはありません
か。私自身、新任の頃は、そのように考えてしまい、「トラブルが起こ
らないクラスにするにはどうすればいいだろうか？」と常に試行錯誤し
ながら、対策を練っていました。

　実際、平穏な日々は尊いものであり、トラブルが起こらないに越した
ことはありませんが、それだけでは子どもたちの真の成長はありません。

■ トラブルを真正面から受け止める

　人は常に「平和」を目指しているにもかかわらず、何度も問題やトラ
ブルを起こしてしまうものです。そういうものだと思って、学級づくり
にも取り組んでいくようにしましょう。

　問題やトラブルに直面したとき、子ども自身が素直に真正面から受け
止めることができれば、必ず成長のチャンスへとつながっていきます。
逆に、トラブルから目を背けるようなことがあっては、問題解決力やリ
カバリーのための思考力が育ちません。真っ正面からぶつかって正面か
らとらえることができれば、必ずその子にとってもクラスにとっても成
長の機会となります。

■ トラブルも教育の機会に

　ただし、ここで忘れてはならないのが、「トラブルは子どもたちが乗り越えるもの」だということ。頭では理解しているものの、実際にそのようにうまく導けないことはままあります。どうしても「保護者からクレームがきたらどうしよう……」「ほかのクラスの先生からどう思われるだろうか……」などといった心配がよぎり、子どもたちがトラブルを乗り越える機会を教師自身が奪ってしまうのです。

　教師の保身でトラブル解決を検討していくようなことだけは、絶対に避けなければなりません。この点をしっかりと肝に銘じましょう。

▶ ここがPOINT

ADVICE！

問題やトラブル発生の機会に子どもたちが学べることは何か。そのような視点で、問題やトラブルも教育の機会にしていきましょう。

教師の役割は
サポートを基本に

問題を子どもたちが乗り越えていくためには、教師はどのような役割が果たせるでしょうか。「聞く」にも工夫が必要です。

聞き方の例

「先生の助けはいるかな？」

先生の助けはいる？

先生、じつは……

問いかけで援助の有無の確認を！

NG！

「子どもたちが主体」と「丸投げ」を履き違えないようにしましょう。手を放しても、目は離さないように気を付けましょう。

■ 子どもたちに不足していたものは何か

前項で、トラブルは子どもたちが乗り越えていくものであると述べました。実際、トラブルが発生するということは、その子たちに何らかが不足していたり、力が及ばなかったりしたことがあったということです。まずはそのような認識をもって子どもたちの姿を見ることで、教師として「何が足りなかったのか」「どうするべきだったのか」が見えてきます。

■ 援助が必要かどうかを確認する

子どもたちが問題やトラブルを起こしたとき、教師が介入するかどうかを判断する際には、「先生の助けはいるかな？」と聞くところから始めましょう。この問いかけにより、「トラブルを起こしたのは自分たちの責任なんだ」「このトラブルを乗り越えていくのは自分たちなんだ」という自覚を子どもたち自身にもたせることができるのです。

決して、「トラブルが発生したら、教師が入って当たり前」という雰囲気をつくってはいけません。

■ 子どもたちを具体的にサポートする

また、「先生はどのような助けをするといいかな？」といった具体的な支援内容を、子どもたちに問うことも忘れないようにしましょう。この問いかけにより、「トラブル解決は100％、先生じゃないんだ」といった認識もあたえることができます。

さらに、「自分たちで解決します」と子どもたちが言ったときにも、「何かあればいつでも先生を頼っていいからね」と、つながりを残しておきます。

> **FOLLOW UP！**
> トラブルは子どもたちを主体とし、教師は伴走者であるイメージをもたせましょう。すると、子どもたちは安心して乗り越えていけます。

立場は
あくまでも「中立」

教師はどんなときであっても中立。その姿勢は、トラブル指導の基本中の基本です。それによって、子どもたちは安心できます。

聞き方の例

「話し合いで、良かったなと思うことは？」

NG！

「トラブルを解決する」ことだけをゴールにしてはいけません。あくまでも、子どもたち自身に問題への対応力・解決力をつけさせることをゴールにしましょう。

■ 教師の役割はジャッジではない

　子どもたちが抱える問題やトラブルを何度か指導しているうちに、「この場合は、○○さんのほうが良くなかったんじゃないか？」「今回は、□□さんが原因をつくっているんじゃないか？」といった考えを教師自身がもつような場面も出てくるかもしれません。

　しかし、当然のことながら、教師自身は、子どもたちに対していつも中立の立場でいることが大原則です。教師は、子どもたちのトラブルのジャッジをする役割ではないということをしっかりと認識しましょう。

■ 教師は相談室

　では、どのような立場で子どもたちの問題やトラブルと関わっていけばいいのでしょうか。中立でいることはもちろんですが、「サポーター」「伴走者」といった立場であることも忘れないようにします。

　教師が前面に出てしまい、グイグイと対応していっては、子どもたちにトラブルを解決する力が身につくはずはありません。子どもたちが本当に困っているときや解決のきっかけがなかなかつかめないときなど、何かあったらすぐにサポートする「相談室」のようなイメージです。

■ 話し合いの姿を価値付けする

　子どもたちが自分たちの力で解決することができたら、それを価値付けすることも教師の役割です。例えば、子どもたちの話し合いをしっかりと聞き、「○○さんは自分から正直に思いを伝えられて良かったね」「□□さんは相手の思いをしっかり聞くことができたね」などと伝えていくのです。トラブルを起こさない指導だけではなく、そうした丁寧なサポートが、子どもたちにトラブルを解決する力を身につけさせていきます。

▶ FOLLOW UP！

話し合いが終わった後に、「自分ができたと思うこと」も聞くようにしましょう。話し合いを自分で振り返ることも子どもの力になります。

LESSON 04
全体を俯瞰して「ゴール」を確認

トラブル発生時は、大人も子どももつい体に力が入ってしまうものです。そんなときこそ、いったん力を抜き、リラックスしましょう。

聞き方の例

「（この問題を）どうしたい？」

NG！

教師の独りよがりは禁物です。教師だけではなく、子どもも一緒にポジティブな未来をイメージしながら、問題解決の責任を一緒にもつようにしましょう。

■ 力が入っている状態では

　子どもたち同士の関係がうまくいかずにトラブルに発展してしまう。こうしたことは、高学年の子どもたちでもよく起こります。

　高学年だからこそ、子どもたちのトラブルは、やや複雑化する傾向があったり、「絶対に許せない」という頑固さが強く出てしまったりすることも少なくありません。そうしたときは、だいたい体に力が入ってしまっているものです。むきになったり、興奮したりしている状態では、スムーズな解決は望めません。

■ 力を抜いて考える

　トラブル発生時こそ、リラックスした状態で考えることが必要です。それは、子どもたちはもちろんですが、教師自身の姿勢としても非常に大切なことです。「この先どうなってしまうのか」「うまく解決できるのか」といった不安や心配を少しでも持ち合わせてしまっては、解決できるトラブルであってもゴールは遠のくばかりです。

　まずは教師自身が肩の力を抜いて問題と向き合うようにしましょう。

■ 「どうしたいのかな？」

　では、リラックスするためにはどうすればいいでしょうか。それは、「俯瞰して見る」ことです。具体的には、問題やトラブルに対する視点を遠くに移してから見ることを心がけます。同時に、焦点を未来に当てて、「どうなったらいいのか」「どうなりたいのか」も考えるようにします。

　この方法は、子どもたちにもそのまま活用してみましょう。「今回の問題、どうしたい？」と未来思考で子どもの声を引き出すのです。間違いなく子どもたちの肩の力もスッと抜けるはずです。

> **FOLLOW UP！**
> 力を入れてしまうと、過去に目が向いてしまいがちです。「前にもこんなことがあった！」などと怒りを増大させないようにしましょう。

全員から
1人1人丁寧に聞く

教師が子どもたちの中に入って話を聞く際には、鉄則があります。それは、1人1人の思いを聞く時間をしっかりとることです。

聞き方の例

「まずは、考えていることを聞かせてくれる？」

NG！

高学年では、教師と子どもが異性同士である場合、別室で話をするときには、部屋を締め切った状態は厳禁です。必ず扉を開けた状態をキープして指導するようにしましょう。

■ 教師の出番が必要なケース

　高学年のトラブル対応においては、そもそもの関係性に大きく左右されることが少なくありません。つまり、トラブルを起こしている子ども同士が、普段の力関係ですでに大きな差があるという状態です。

　そうしたケースでは、当事者である子どもたち同士に解決を任せてもうまくいくことは決してありません。ここで、いよいよ教師の出番です。子どもたちの中に入ってトラブルを解決していきましょう。

■ 話し合いには平等性を

　教師が子どもたちの中に入って指導をするときには、とにかく「1人1人の思いをしっかりと聞く」ことを大切にしなければなりません。場合によっては、高学年の子どもたちの話し合いでは、力の強い子のペースで進められてしまうこともままあります。

　そのような事態になれば、話し合いの平等性が損なわれてしまうので、教師の役割として、まずは話し合いに参加している全員の子どもが平等に話せる状態をつくるように力を尽くします。

■ 教師の出番が必要なケース

　子どもたちの話し合いに教師が入るときは、しっかりと教師がペースをつかんで話し合いを進めていくことが大切です。例えば、「○○さんはどう？」「次は□□さんに聞くね」とさばきながら、順番に1人ずつ話を聞く機会を設けていくようにします。

　ときには、はじめはみんなの前で思いを伝えることができない子がいるかもしれません。そうしたケースでは、別室に呼び、教師と1対1で話を聞くような場を設ける必要もあります。

> **FOLLOW UP !**
>
> まずは個々の思いを語らせることからがスタートです。そうした過程を丁寧に踏んでいくようにしましょう。

LESSON 06

聞きながら
問題を整理する

教師が話に入るケースは、問題が複雑化していることがほとんどです。そうした際の整理の仕方を押さえておきましょう。

聞き方の例

「そのとき、どう思ったの？」

NG！

子どもたちのトラブル解決を決して急いではいけません、時間がかかるものと心得て、慌てずにサポートや指導をしていきましょう。

■ 複雑化・長期化を覚悟する

　高学年の子どもたちの傾向として、トラブルが起こってもすぐに教師に伝えてこないことが多くあります。そして、教師に、「じつは……」と言いにきたときには、すでに問題が複雑化していたり、長期化していたりすることも少なくないでしょう。

　そうしたときは、教師が慌てずに、状況の整理をしっかりしながら話を進めていくようにすることが解決のカギとなります。それによって、子どもたち自身で解決できる可能性も芽生えてきます。

■ 事実と思いを整理する

　では、具体的にはどうすればいいのでしょうか。それは、「事実関係をきちんととらえること」と「子どもたちの思いをとらえること」の２点を整理していくことです。

　まず、事実関係を整理するためには、「時」「人」「場所」「出来事」を丁寧に聞き取り、客観的な事実をとらえるようにします。しかし、人間同士の問題ですから、そのときの思いがあって物事は進んでいることも忘れずに。「そのとき、どう思ったの？」と問いかけましょう。

■ ときには図にしながら整理する

　場合によっては、「みんなのここまでを図にしてもいいかな」と確認した上で、トラブルの状況を図で整理することも有効です。黒板や大きめの紙（B4やA3の用紙）などに、事実関係と子どもたちの思いを整理しながら書いていくのです。そうすることで、子どもたち自身が「あのとき、相手はこんな気持ちだったんだ……」と気付いていきます。また、これから先をどうすればいいのかを考えるきっかけにもなります。

> **FOLLOW UP！**
>
> 思いを話すことは、子どもにとっては大きなハードルになることもあります。「よく話してくれたね！」という感謝も伝えましょう。

聞くことで「振り返り」の機会をつくる

子どもたちにトラブルの話を聞くことは、子どもたち自身の振り返りの場にもなります。そうした効果をうまく活用しましょう。

聞き方の例

「ここまで話をしてきて、どう思う？」

NG！

トラブルなど、ピンチと思われる場面ほど、教師の思いを押し付けてしまいがちです。問題解決どころか事態を荒立ててしまう要因ともなりかねませんので、厳重注意が必要です。

■ 話の整理はメタ認知につながる

　前項で述べてきたように、子どもたちのトラブルを整理していくことによって、子どもたち自身が、「自分たちはここまでどのようなことが積み上がって、今の状況に発展してきているのか」をメタ認知することができます。それは、高学年の子どもたちには、自分たちを客観視することができる力が備わってきているためです。こうした子どもたちの力を、問題解決に向けてうまく活用していくようにしましょう。

■ 途中で子どもに問う

　話し合いの落ち着き具合を見ながら、途中、子どもたちに「ここまで話をしてきて、どう思う？」「ここまでで何か話をしたいことがある？」というように尋ねるようにします。すると、子どもたちは、ハッと気付きを得ることでしょう。

　ここまでで、すでに事実や思いを話してきているため、子どもたち自身、「次はこうするべき」という判断ができる状態になっています。逆に、話を進めてからでなければ、この問いの効果は期待できません。

■ 「自己選択・自己決定」の場を

　トラブル解決の場面では、高学年の子どもたちであるからこそ、「自己選択・自己決定」の時間を設けて進めていく必要があります。ここで教師の思いや価値観の押し付けをしてしまうと、子どもたちは消化不良のままにトラブル解決のための話し合いを終えることになってしまいます。

　子どもたちの解決力を育てると同時に、子どもが真に納得して前に進んでいくためには、「自己選択・自己決定」ができる機会をきちんと保障することが何よりも重要なのです。

> **FOLLOW UP！**
> 「自己選択・自己決定」ができれば、「自分で解決することができたね」と心から称賛することができます。しっかりとほめましょう。

トラブルがあってもスッキリ解決！　クラスの結束力がグッと高まる「聞く」スキル

聞くことで子どもたちに
「責任」をあたえる

子どもたちに聞き返すことは、子どもたちに解決のための責任を
あたえていくことになります。問いかけをうまく使いましょう。

聞き方の例

「これから自分のできることは、何だろう？」

NG！

無理は禁物です。あくまでも「子どもたちが乗り越えることができる」と思
えるトラブルであることが前提です。

■ 子どもに責任を自覚させる

「トラブル解決の責任は子どもたちにある」と述べてきましたが、「教室で起こっていることは教師の責任」という考え方やとらえ方もとても大切です。しかし、それは、あくまでも「教師にとって」の考え方です。

子どもたちの成長と納得感のためにも、「このトラブルを解決する」という責任を自覚させる必要があります。高学年の子どもたちであれば、なおさらと言えるでしょう。

■ 問いかけで責任を渡す

子どもたちに責任を自覚させるには、「問いかけ」を駆使していくことが有効です。問いかけを行うことで、責任のボールを相手に渡すことができるからです。もちろん、責任を渡す際には、押し付けるようなかたちではなく、「よろしくね」「がんばってね」といったポジティブなイメージでの投げ方が求められます。

責任を渡しても応援をし続けていくメッセージを強く伝えるようにしましょう。

■ 問いかけから乗り越えさせる

責任を渡す具体的な問いかけには、例えば、「これから自分のできることは、何だろう？」「今から自分が取るべき行動は、何だろう？」などがあります。こうした問いかけで、実際に解決する責任が子どもたちへと移行していきます。はじめは、こうした問いかけを投げかけることに不安な思いを抱くかもしれませんが、このような問いかけで思考が深まり、また、それによって自分たちで乗り越えていく体験へとつながっていくのです。その体験こそが子どもたちを成長させるのです。

> **FOLLOW UP！**
> その後、「あのあとはどうなった？」といった問いかけによって、子どもたちへのフォローを忘れないようにしましょう。

LESSON 09

問題解決へとつながる 教師の「問いかけ」

子どもたちが本来もっている力をなかなか発揮できていないとき、教師の問いかけがその力をグイッと引き出します。

聞き方の例

「このトラブルを解決できそうな人は誰ですか？」

NG！

丸投げはいけません。問いかけで気付くことができても、実際に行動できるかは別の問題です。しっかりと子どもたちに寄り添いながら行動につないでいくようにします。

■ 問いかけが子どもの力を引き出す

　教師からの問いかけは、子どもたちの力を引き出すことのできる最上のツールであると言われています。それはトラブルの解決の際もしかりで、「本来ならば乗り越えられるはずなのに」「別の視点をもつとトラブルを乗り越えることができそうだ」などといった際には、その状況に応じた丁寧な問いかけができると、子どもたちの力を存分に引き出すことができます。

　子どもの本当の声を聞くためにも、教師が問いかけのスキルも磨いていきましょう。

■ モデルとする人物からヒントを

　実際にトラブル解決の場面において、どのような問いかけが子どもたちの力を引き出すかというと、例えば、「このトラブルを解決できそうな人は誰ですか？」です。つまり、その子の中のモデル、手本となる人を引き出すのです。そして、「その人ならどのような行動をとって、このトラブルを解決しそうですか？」と聞いてみます。

　自分の殻を破り、異なる視点で考えることができます。

■ モヤモヤする心を探っていく

　さらに、「今、モヤモヤしているのは、どのような心なのでしょうか？」と、その子の心の問題に迫る方法もあります。ほかに、「その心はどこにありますか？」「その心を取り出してみましょう」「どうしてモヤモヤしているんだろう？」「モヤモヤを晴らすためにはどうすればいい？」などと問いかけるのも効果的です。

　見えない「心」を、できるだけ見えるかたちになるよう工夫します。

FOLLOW UP !

問いかけは使えば使うほどうまくなります。上記のフレーズ以外にも思いついたものなど、効果的なものはどんどん取り入れましょう。

ときには沈黙で 「待ち上手」な教師になろう

教育は、成果が得られるまでに時間を要するものが少なくありません。じっくりと子どもたちの出す答えを待つ姿勢が大切です。

聞き方の例

「いつまでも待ち続けるよ！」

NG！

子どもに無理をさせるのは逆効果です。待ち続けても、どうしても声を聞けないときには、教師から助け舟を出していきましょう。

■ ときには立ち止まる時間を

　高学年ともなると、そうしたほうがいいことは分かっているけれど、なかなかできない場面が必ずあります。たとえ教師が背中を押しても、友だちが押しても、次の行動をとることができないというようにです。なかなか問題解決には至らず、教師も周りの子どもたちも「早く！」という思いが高まってきてしまうものですが、そこで急かしても一件落着とはなりません。本人にとって、その立ち止まる時間が必要なのです。

■ 一番の不安を感じているのは本人

　問題解決に向けてみんなで話し合いをしてきたけれど、途中でストップがかかってしまい、シーンとした時間が流れる。教師も「どうしたものか……」と不安が生まれ、友だちも「早く言ってほしい」とイライラが募るばかりの時間。

　しかし、こうしたとき、一番大きな不安を感じているのは本人なのです。そして、その不安を解消してあげられるのは、教師にほかなりません。その役割が教師にあることを強く自覚しましょう。

■ 待ち続けることを伝える

　では、その際、どのような問いかけがその子にとって効果的なのでしょうか。それは、「いつまでも待ち続けるよ！」です。不安でいっぱいの子を、とにかく安心させましょう。

　実際、その後も本当に長い時間待つことになるかもしれませんし、場合によっては日にちをまたいでしまうこともあるかもしれません。それでも、「待ち続けるよ」という教師の姿勢をその子に強く実感させることが重要なのです。

> **FOLLOW UP！**
> 時間がかかっても、自分の考えや思いを伝えることができたときには、「伝えてくれてありがとう！」と感謝をしっかりと伝えましょう。

トラブルがあってもスッキリ解決！　クラスの結束力がグッと高まる「聞く」スキル

中学受験を目指す子の受け止め方・見守り方

　小学校６年生と言えば、中学受験の話題は避けて通れないものとなってきました。もちろん、地域や学校によって受験をする子どもの数は違うと思いますが、ほとんどの学校で、学年またはクラスの中に受験をする子がいるのではないでしょうか。年度によっても違うと思いますが、受験と聞くと「たいへん」「苦しい」という印象があるように、受験に挑む子どもたちは、やはりいろいろなストレスを抱えているものです。

- **勉強をすることへのストレス**：学校で習うレベル以上の問題と向き合うことも少なくありません。困難な問題に立ち向かうには、やはりエネルギーが必要です。
- **毎日の予定や試験までの間のストレス**：受験をする子どもたちは、塾を中心に忙しい毎日を送っています。また、受験日が近づくと、プレッシャーも相当なものになるでしょう。
- **競争の中にいるストレス**：受験をする子は、「模試で○位」「志望校への合格○％」と、常に外部と比較され続ける日々を送っています。
- **親からの期待によるストレス**：受験をするからには、「落ちてもかまわない」と考える保護者はいないでしょう。ときには「絶対に○○中に合格！」と保護者に力が入りすぎてしまう場合もあります。それもまた、子どもには大きなプレッシャーになるのです。
- **どうなるか分からないストレス**：どれだけがんばっても、「絶対合格」が約束されているわけではありません。試験が終わって発表があるまでは、未知と不安の中で子どもたちは過ごしています。

　とはいえ、中学受験がすべて悪影響となるものではありませんし、子どもと保護者の願いが一致している受験であれば、その子の成長の大きな節目となることでしょう。子どものプレッシャーと受験がもたらす子どもへの健全な成長、この両面を理解しつつ、子どもたちの話を聞いてあげることこそ、教師の最大の役割となると思います。

おわりに

　ここまでお読みくださり本当にありがとうございました。

　本書は、高学年の子どもたちと学級づくりをしていく上で大切にしてほしい「聞く」についてこだわって述べさせていただきました。よく「子どもの話を聞くことは大事」と言われますが、実際にどのように大切にするのか、どうすることが大切にしていると言えるのかまでは、なかなか耳にすることがありません。

　そこで、高学年の子どもたちの声を聞くことに関する理論やスキルをできるだけ幅広く分かりやすく記させていただきました。例えば、「ペーシング」「キャリブレーション」といったスキルは、今すぐにでも活用できる簡単なスキルですが、これを実際に活用するのとしないのとでは大きな差が生まれます。本書では、こうしたすぐに役立つことはもちろん、本質的なスキルをできるだけ紹介させていただいたつもりです。

　私自身が、子どもたちに対して「何かをしてあげなければいけない」「もっと届けることのレベルを上げたい」と過剰に思っていましたが、じつは子どもたちが求めていたことはそこではありませんでした。彼らは「もっと自分たちを信じてほしい」「もっと自分たちに任せてほしい」と思っていたのです。そのことに気付いてからは、矢印の方向を「教師→子ども」ではなく「教師←子ども」となるように心がけるようになりました。以来、子どもたちの見え方は格段に変わり、子どもたちの可能性と姿に驚かされてばかりです。

　ぜひ、日々の学級づくりの中で「聞く」ことを大切にしてみてください。きっと、子どもたちがこれまでとは違った姿を教師の目の前で見せてくれることでしょう。教師の「聞く」が子どもたちの可能性をもっと大きく広げていくことを願っています。

　2023年9月

丸 岡 慎 弥

著者紹介　丸岡慎弥（まるおか しんや）

1983年、神奈川県生まれ。三重県育ち。三重県伊勢市の皇學館大学卒業。
立命館小学校勤務。関西道徳教育研究会代表。日本道徳教育学会会員、日本キャリア教育学会会員、日本道徳教育方法学会会員。銅像教育研究家。
NLPやコーチングといった新たな学問を取り入れて、これまでにない教育実践を積み上げ、その効果を感じている。
教師の挑戦を応援し、挑戦する教師を応援し合うコミュニティ「まるしん先生の道徳教育研究所」を運営。自身の道徳授業実践も公開中。
著書に『やるべきことがスッキリわかる！　考え、議論する道徳授業のつくり方・評価』『話せない子もどんどん発表する！　対話力トレーニング』『高学年児童がなぜか言うことをきいてしまう教師の言葉かけ』（学陽書房）など多数ある。

オープンチャット
「まるしん先生の道徳教育研究所」

＊本名、都道府県を明記できる方のみご参加ください。
　「丸岡の書籍を読んで」と入力ください。

教師の聞き方ひとつで
高学年クラスはこう変わる！

2023年10月20日　　初版発行

著者　　　　　　　　丸岡慎弥
　　　　　　　　　　まるおかしんや

ブックデザイン　　　吉田香織（CAO）
イラスト　　　　　　坂木浩子
発行者　　　　　　　佐久間重嘉
発行所　　　　　　　株式会社 学陽書房
　　　　　　　　　　東京都千代田区飯田橋1-9-3　〒102-0072
　　　　　　　　　　営業部　TEL 03-3261-1111　編集部　TEL 03-3261-1112
　　　　　　　　　　　　　　FAX 03-5211-3300　　　　　　FAX 03-5211-3301
　　　　　　　　　　http://www.gakuyo.co.jp/
DTP制作　　　　　　越海編集デザイン
印刷・製本　　　　　三省堂印刷

©Shinya Maruoka 2023, Printed in Japan
ISBN978-4-313-65495-2　C0037

乱丁・落丁本は、送料小社負担にてお取り替えいたします。
定価はカバーに表示してあります。

JCOPY ＜出版者著作権管理機構 委託出版物＞
本書の無断複製は著作権法上での例外を除き禁じられています。複製される場合は、そのつど事前に、出版者著作権管理機構（電話03-5244-5088、FAX 03-5244-5089、e-mail: info@jcopy.or.jp）の許諾を得てください。